인문학으로
기독교
톺아보기

세움북스 는 기독교 가치관으로 교회와 성도를 건강하게 세우는 바른 책을 만들어 갑니다.

인문학으로
기독교 톺아보기

초판 1쇄 발행 2020년 7월 15일

지은이 | 이수환
펴낸이 | 강인구
펴낸곳 | 세움북스
등 록 | 제2014-000144호
주 소 | 서울시 종로구 삼일대로 428(낙원동) 낙원상가 5층 500-8호
전 화 | 02-3144-3500
팩 스 | 02-6008-5712
이메일 | cdgn@daum.net

교 정 | 이윤경
디자인 | 참디자인

ISBN 979-11-87025-67-2 (03230)

인문학으로 기독교 톺아보기

나를 위한 **기독교학 개론**

이수환 지음

세움북스

Contents

차례

Introduction

서문

◆

기독교 인문학의 접근 방법을 통한 『인문학으로 기독교 톺아보기』는 인문학(Humanities)과 기독교(Christianity)를 접목하여 기독교를 올바르게 소개하기 위한 책이다. 본서는 기독교인과 비기독교인의 소통으로 출발하여 현대인이 기독교에 대해 이해할 수 있도록 돕는 인문학 교양서라고 볼 수 있겠다. 최근 기독교 인문학에서는 기독교의 중심 주제를 가지고 현대인들에게 기독교에 대해 쉽게 설명하고 있다. 대체로 기독교의 설명이라 함은 무엇보다 기독교 세계관(Christian Worldview) 혹은 가치관(Values)과 기독교 핵심교리(Christian Core Doctrine), 그리고 기독교의 삶(Christian Life)인 것이다.

세계관(世界觀)은 세상을 바라보는 안목으로 렌즈에 비유할 수 있다. 어떤 렌즈를 끼고 보느냐에 따라서 그 사람의 삶이 달라진다.

인본주의자들은 세상을 자기중심적으로 볼 것이다. 그리고 물질주의자들은 세상을 생명이 없는 물질로 볼 것이다. 또한 그리스도인은 그리스도를 중심으로 세상을 볼 것이다. 특히 하나님은 눈에 보이는 세계뿐만 아니라 눈에 보이지 않는 세계까지 만드셨다. 그가 만드신 만물의 관리를 인간에게 맡기셨다.

따라서 만물의 관리는 하나님이 인간에게 주신 문화명령(cultural mandate)이다. 그런 의미에서 인간이 이 세상을 잘 다스리고, 관리하기 위해서는 기독교 인문학적 지식이 필요하다.[1] 본서를 쓴 목적은 어떤 종교를 가진 사람이건 기독교를 폭넓고 깊이 있게 이해하도록 돕는 데 있다.

특별히 이 책이 출판되도록 허락하고 기획하고 편집해서 출판해 주신 세움북스 강인구 대표님에게 진심으로 감사드린다.

2020년 6월
성결대학교에서
이수환

---

1   이상욱, 『기독교 세계관 렌즈로 인문학 읽기』 (서울: 예영커뮤니케이션, 2017), 348.

추천의 글

◆

절대진리를 부인하는 포스트모던시대 기독교를 이야기하는 것은 비호감이며 인기없는 행위이다. 저자는 현대인들에게 익숙한 문화, 인물, 사건 이야기들을 접목하여 기독교 핵심교리를 설명함으로 결국은 그들의 고개를 끄덕이게 만들었다.

김승호 박사 (한국성서대학교 선교학 교수. 전 한국복음주의선교신학회 회장)

팬더믹이라는 초유의 사태 속에서 전 세계 국가들이 정치, 사회, 경제, 문화 등 다방 면에서 인류 공존의 위기를 어떻게 극복할 것인지 화두가 되고 있다. 사회적 거리와 비대면(Untact)으로 인해 우리, 나, 너라는 이기주의가 팽배해지고 있고 국제사회는 자국이기주의라는 잘못된 시대로 가고 있다. 어린이와 어른, 소외된 자와 빈부의

격차로 인한 심각한 상황이 각 국가마다 매일 같이 일어나고 있다. 학교도 갈 수가 없고, 교회도 가기 어려워졌으며 이웃 나라도 여행할 수 없고, 무역도 힘든 혼란과 혼돈의 시대에 저자가 전하는 '현대인에게 기독교는 필요한가', '하나님은 필요한가', '예수님이 필요한가'라는 『인문학으로 기독교 톺아보기』를 통해 하나님이 말씀하시고자 하는 진리를 찾기 소망한다. 더불어 공유와 공존하는 서로 합력하여 선을 이루는 '어떻게 살아갈 것인가'라는 물음에 성령의 시대, 희망의 시대를 만나보기 바란다.

김양선 팀장 (CBS기독교방송)

교회를 다니기는 했지만 기독교의 핵심 내용을 잘 알지 못하는 분, 하나님을 믿고 따르지만 주변 사람에게 자신의 신앙에 대해 적절히 설명하지 못하는 기독교인들, 기독교에는 별 관심이 없어도 예수님이나 성경에 대해 기초적인 지식을 원하는 분, 어떤 기독교인이나 사건 때문에 기독교에 대해 오해가 생겨 기독교가 싫은 분, 이 책 읽기를 추천한다. 『인문학으로 기독교 톺아보기』는 각장마다 기독교 신앙과 관련된 큰 질문을 던지고 이것에 대해 답을 제공하고 있다. 저자는 자신만의 생각이 아닌 많은 사람들의 견해도 살펴 가며 질문들에 답하려고 한다. 이 책은 기독교 신앙에 대해 아주 쉽게 잘 설명했다. 마치 엄선한 여러 식재료들을 잘 요리해 놓은 맛있는 식사 같다.

김한성 박사 (아세아연합신학대학교 선교영어학과 교수)

집을 지을 때 기초가 잘못되면 아무리 화려하게 지어도 무너질 수밖에 없다. 그런 것처럼 그리스도인들이 기독교에 대한 기본 진리 위에 신앙을 세워가지 않는다면 항존직을 얻는다고 해도 무너질 위험성이 매우 높다. 본서는 독자들에게 성경적 가치관이 형성되어 예수 그리스도의 제자의 삶을 살아가도록 지침서가 되리라 확신하며 기쁜 마음으로 추천한다.

민장배 박사 (성결대학교 신학부 교수, 한국실천신학회 부회장)

인간의 삶에 중요한 동인 중 하나는 자기 정체성의 발견이다. 그런데 인간은 정체성이 정립되는 과정에서 타자의 개입이 일반화된다. 이것은 문화라는 세계관의 발현을 통해 보편화된 사람들의 세상을 살아가는 방식이며, 개별화된 자기 정체성의 삶의 모습의 반영이다. 이런 점에서 이수환 박사가 기독교를 현대인을 위해 인문학적 관점에서 소개했다는 것은 매우 고무적인 소식이다. 부디 이 책을 통해 세상과 교회가 더 긴밀히 소통하고, 하나님의 구원 은총이 온

누리에 가득하게 되기를 원한다.

배춘섭 박사 (총신대학교 신학대학원 선교학 교수)

사람들은 세상 속에 감추어진 하나님의 생명력을 경험하며 누릴 수
있도록 하나님으로부터 '오감'을 선물 받았다. '오감'이라는 도구로
'나'라는 주체가 세상 속에 가득 찬 하나님의 생명력을 만나게 된다.
우리는 '나'를 성장시킴으로 세상 속에 하나님의 풍성한 생명력을
누리게 되는데, 이수환 박사의 이번 저서 『인문학으로 기독교 톺아
보기』는 세상 속에 있는 하나님의 풍성한 생명력을 더욱더 풍성하
게 경험할 수 있도록 여러분의 '나'를 성장시켜줄 것이다.

이충동 대표 (코디엠국제본부, 서울충신교회 담임목사)

본서는 비기독교인에게는 가까이 있는 인문학을 통하여 기독교를
이해할 수 있도록 도와주고, 기독교인에게는 나의 신앙으로부터 믿
는 바에 대해 보편적인 설명을 들어 이해할 수 있도록 도와줄 것이
다. 이를 통해 기독교인과 비기독교인이 서로 나눌 수 있는 중간지
대를 만들 것이다.

조성돈 박사 (실천신학대학원대학교 목회사회학 교수)

『인문학으로 기독교 톺아보기』는 그 제목이 함축하는 것처럼 현대인을 위한 기독교 입문서다. 본서의 목적은 현대 인문학의 관점으로 기독교를 개론적으로 쉽게 설명하는 것이다. 저자는 현대인의 기독교 필요성으로 시작하여 성부, 성자, 성령의 삼위일체 하나님에 대한 필요성에 대한 논증을 거쳐 현대인의 정체성을 점검하였다. 또한, 기독교 신앙과 관련하여 성경, 구원, 교회의 필요성을 점검한 후에, 기독교의 신앙의 핵심적인 내용들을 조명한 현대인은 어떻게 살아야 하는지에 대한 실천적 질문을 던지고, 이에 대하여 믿음과 하나님 나라를 통해 기독교 신앙의 희망을 제시하였다. 그러한 면에서 본서는 사도 바울이 제시한 고린도후서 13장 13절 축도의 현대판 버전이다. 바울이 제시한 기독교 신앙의 핵심은 예수 그리스도의 은혜가 하나님의 사랑을 통해 구원으로 임하고, 성화된 삶을 위한 성령의 교통하심이 그리스도인의 삶에 임하는 것이며, 이는 현대인들에게도 동일하게 적용된다. 저자인 이수환 박사는 담임 목회, 교수 사역과 연구를 포함한 다양한 사역의 경험과 지식을 기반으로 본서를 통해 기독교 신앙과 현대인의 만남을 주선하고 있다. 독자들이 차분한 일독을 통해 그러한 만남의 주인공이 되기를 바란다.

최성훈 박사 (한세대학교 신학부 교수)

chapter

01

인문학으로 톺아보기 :

기독교는
왜 필요한가?

✦

✦

✦

    2011년도 통계자료(KCM)에 의하면, 세계 인류 중에서 비종교인은 약 13.66%로 집계되었다. 종교인으로 85%가 넘는 지구촌은 비종교인들보다 종교인들이 훨씬 더 많다. 오랜 역사 동안 인류의 종교는 인간에게 중대한 관심사였다. 그러면 한국의 종교 분포는 어느 정도인가? 좀 오래된 통계자료이긴 하나 통계청의《2005년 인구 주택 총 조사 보고서》에 의하면, 종교인이 53.1%였고, 비종교인이 46.5%였다. 세계의 종교 분포와 한국의 종교 분포에는 조금 차이가 있다.

    한국 사람들은 지구촌의 다른 인류보다 비종교인 대비 종교인 수가 적은 편이다. 전 세계 인류는 지금도 다수가 종교를 가지고 있는 데 반해 한국 사람들은 왜 종교인이 상대적으로 적은 것인가? 한국 사람들의 종교심이 약해서인가? 그렇지 않다. 과거 한국의 경우 고려 시대와 신라 시대에는 불교, 조선 시대에는 유교가 막강하였다. 그리고 민간종교인 무속신앙 또한 오랜 역사를 가지고 있는 나라가 한국이다. 아직도 한국의 전 인구의 절반이 종교를 가지고 있기에 종교심이 약한 것은 아닐 것이다.[1] 《2015년 한국갤럽》이 발표한 한국인의 종교에 따르면, 불교 22%, 기독교 21%, 가톨릭 7% 순으로 나타났다.

2천 년 전, 시작된 기독교를 통해 그동안 인간이 만든 문화와 그 문화에서 많은 영향을 받은 인간은 엄청날 정도로 변했다. 노예들은 인간 이하의 취급을 받았는데 그것을 너무나 당연하게 생각하던 때 기독교가 시작되었다. 지구가 둥글다든가 심장이 피를 순환시킨다는 것을 전혀 모르던 때 성경은 기록되었다. 물론 진리는 변하지 않지만 영원하다고 간단히 처리해 버릴 수도 있다. 하나에 하나를 더하면 둘이라는 것은 2천 년 전에도 그랬지만 지금도 그렇다. 그리고 다른 사람을 속이지 말아야 한다는 것은 2천 년이 아니라 앞으로 2만 년이 지나도 마찬가지일 것이다.[2]

1 　대전일보 2015년 1월 14일자.
2 　손봉호, 「나는 누구인가」 (서울: 샘터사, 2018), 5–6.

이처럼 현대인에게 기독교가 필요한 것은 가르침의 진리가 영원한 것이기 때문이다. 만약 현대인이 기독교에서 별 흥미를 못 느낀다면, 그것은 기독교의 가르침이 낡아서가 아니라 현대인의 문제라고 생각할 수 있다. 기독교의 가르침은 수학 공식처럼 적용될 수 있는 것도 아니다. 그렇다고 해서 인간이 처한 상황이 그런 공식이 적용될 수 있도록 항상 준비되어 있는 것도 아니다. 따라서 기독교의 가르침과 상황에 대한 끊임없는 재해석과 함께 근원적인 분석이 필요하다.[3]

지속적인 작업을 통해 기독교는 항상 새롭고 살아 있는 현대인의 종교로 나타나는 것이다. 매우 부족하고 피상적이지만 기독교의 재해석과 함께 상황의 분석을 통해 현대인에게 기독교를 필요한 종교로 부각시키려는 지속적인 반성과 노력이 필요하다.[4] 따라서 오늘날 좀 더 본래적으로 가치 있는 삶을 살아보려고 애쓰는 사람들과 예수 그리스도의 가르침이 그 길잡이임을 확신하는 사람들, 그리고 다른 사람에게 기독교의 신앙을 나누는 데 조금의 도움이 되고자 현대인과 기독교의 이해에 대하여 살펴보고자 한다.

3 　손봉호, 『나는 누구인가』, 6.
4 　손봉호, 『나는 누구인가』, 6-7.

현대인

사전상으로, 현대인(現代人)이란 '이 시대를 사는 사람'을 말한다. 다시 말하면, 시대적으로 현대에 속하는 사람, 현대적인 사유 체계와 생활양식을 지니고 있는 사람을 의미한다.[5] 그래서 현대인에 대한 이해를 세 가지로 크게 나누어 볼 수 있겠다. 첫째, 현대인은 서로 비슷해지고 있다. 이제 세계 어느 곳에 가든지 사람들은 대부분 비슷한 기성복을 입고 커피를 마신다. 둘째, 현대인은 국경도 없어지고 있다. 미국인이나 한국인의 삶이 그렇게 다를 것이 없다. 모두 비슷한 옷을 입고, 비슷한 음식을 먹고, 비슷한 집에서 살고, 같은 TV 프로그램을 보고 즐긴다는 점이다. 공항에는 하루에도 수많은 외국인들이 들어오고 한국인은 해외로 나간다. 세계 각국에서 일어난 일들이 한 시간도 안 되어 한국인의 안방 TV로 보도되고 있다. 한국에서 만든 물건들은 유럽의 시골에서도 팔리고 있다. 이처럼 지역과 문화의 차이를 뛰어넘어 현대인은 점점 더 세계인이 되어 가고 있다. 마지막으로 셋째, 현대인은 세계관이 비슷해지고 있다. 동서양을 막론하고 다수가 민주주의를 선호하고, 남

---

5 다음 국어사전, "현대인", https://dic.daum.net/word/view.do?wordid=kkw000291352&supid=kku000371344.

녀노소의 평등을 주장하며, 합리적인 경영과 과학 기술을 높이 평
가하고 있다. 이렇게 현대인은 생활방식뿐만 아니라 사고방식 또한
비슷해지는 것이다.

현대인의 사고방식

현대인은 과거 시대의 사람들보다 더 많은 것을 더
정확하게 알고 있다. 다양한 매체들을 통해 쉴 새 없이 유입되는 정
보의 홍수에 두뇌가 마비될 정도다. 그럼에도 현대인은 새로운 것
을 알기 위해 계속 정보 사냥에 나서야만 한다. 이를 위해, 현대인
들은 꿈에도 상상하지 못할 탁월한 기술력과 장비를 동원한다.[6] 그
러나 이와 같은 방법으로 확보한 사물과 사건에 대한 극히 풍성하
고 정확한 지식에도 불구하고, 이러한 것 때문에 현대인들의 지혜
는 과거 어느 사람들보다 더 부족하다. 과거 어느 시대의 사람들보
다 현대인들은 세상만사와 자기 자신을 심각하게 곡해하고 있다.[7]

19세기 프랑스 철학자 오귀스트 콩트(Auguste Comte, 1798~1857)
는 이러한 현대인의 정신세계를 가장 잘 표현했던 사람으로 유명하

---

6   김종두, 『키에르케고르의 실존사상과 현대인의 자아 이해』 (서울: 새물결플러스, 2014), 8-9.
7   김종두, 『키에르케고르의 실존사상과 현대인의 자아 이해』, 9.

다. 콩트는 인간의 사고방식이 역사적으로 3단계를 거쳐 발전해 왔다고 주장하였다.[8] 첫째, 신학적 단계이다. 콩트의 주장에 의하면, 아득히 먼 원시시대는 모든 자연현상을 신들의 작용이라고 설명하고 이해했던 신학적 단계이다. 예를 들면, 나무의 움직임과 물의 흐름까지 모든 신들의 작용이라고 믿었다. 그리고 그것이 어느 정도 발전한 형태가 바로 기독교에서 말하는 유일한 신앙이라는 것이다. 콩트는 신학적 단계 안에서 가장 원시적인 물신론(物神論), 그다음은 다신론(多神論), 그리고 유일신론(唯一神論)이 순서대로 생겨났다고 주장하였다. 둘째, 형이상학적 단계이다. 인간의 지식이 축척되면서 신(神)을 대신해 형이상학적인 힘이나 어떤 원칙으로 삼라만상(森羅萬象)을 설명하는 형이상학적 단계가 뒤를 잇게 된다.

　형이상학적인 단계에서는 신학적 단계에서 귀신들이나 유일신이 맡았던 역할을 원리, 원칙, 힘, 본질 등의 추상적인 관념들이 맡아서 모든 것을 설명하였다. 그런데 콩트는 그러한 관념들도 사실은 모두 사람들의 머리로 만들어낸 것이고, 실제로 무슨 근거가 있는 것은 아니라고 보았다. 그것은 그저 논리적이고 이론적인 사색으로 모든 것을 설명했다는 것이다. 셋째, 실증주의적 단계이다. 콩

8　손봉호, 『나는 누구인가』, 54-57.

트는 형이상학적 사고방식은 바로 최후의 단계로 가장 발달한 단계인 실증주의적 단계에 의해서 극복되었다고 주장하였다. 콩트가 주장한 실증주의 철학의 특징인 현대인의 사고방식은 무엇이든지 사실의 근거 없이는 아무것도 받아들이지 않는 철저한 과학적 사고방식이란 것이다.

이러한 콩트의 주장은 논리에 맞지 않거나 사실에 근거하지 않는다면 그 어떤 것도 받아들이지 않는 과학적인 사고방식이야말로 현대인의 전형적인 특징이라는 것이다. 콩트는 인류 전체의 사고방식이 이렇게 변화해 온 것을 하나의 역사적 우연이라고 보지 않았다. 현대인은 한층 지적이며 성숙한 면모를 갖추게 되었다. 그리고 이제는 과학적인 것만 받아들이고 그 외의 것은 물리치게 되었다. 콩트의 이러한 주장은 많은 이론적인 결함에도 불구하고 널리 알려져 이용되고 있다. 또한 현대인의 사고방식을 특징짓는 데 매우 적절한 것으로 간주되고 있다.

따라서 현대인은 어떤 주장이라도 확실한 근거가 없이는 받아들이지 않는다. 현대인은 눈으로 관찰하고 손으로 만져보고 실험이 가능한 근거를 가지고 있어야 믿는다. 그래서 현대인은 숫자에 대해서 커다란 신뢰를 가지고 있다. 예를 들어, '한국인의 경우 대부분은 현대화를 공업화와 동일시하고 있다'고 말하면 그것은 그저 상식적인 이야기로 치부하는 경향이 있다. 그러나 이것을 구체적으로 '한국인의 72.5%는 현대화를 공업화로 생각하고 있다'고 하면 과학적으로 믿을 만하다고 생각하는 것이다.[9]

17세기 영국의 경험론을 완성시킨 철학자 데이비드 흄(David Hume, 1711~1776)은 숫자로 표현될 수 없는 것은 아무 가치가 없으니 불에 던져버리라고 주장했다. 그런데 현대인들은 이런 흄의 주장을 충실히 따르고 있다. 그래서 여론조사가 인기를 끌고 있으며, 때로는 통계 조작으로 사람들을 속이기도 한다. 이처럼 현대인은 사람의 지능을 숫자로 표현될 수 있다고 생각한다. 그래서 좋은 교회와 나쁜 교회를 교인의 머릿수와 헌금 액수로 표현할 수 있다고도 생각하는 것이다.[10]

이러한 과학적이고 합리적인 것이 그 자체로 항상 옳고 좋은 것이라는 생각이 널리 퍼져 있다. 이것은 자연 과학과 과학 기술이 먼저 발달한 서양에서만 그런 것이 아니라 전 세계의 다른 문화에서도 마찬가지다.[11] 오늘날 지식과 정보의 폭발은 마치 현대인의 삶에 새로운 해결인 것처럼 가속화되고 있다. 현대인은 홍수처럼 쏟아져

---

9 손봉호, 「나는 누구인가」, 56.
10 손봉호, 「나는 누구인가」, 56.
11 손봉호, 「나는 누구인가」, 57.

나오는 지식과 정보를 미처 소화하기도 전에 또 다른 지식에 의해 밀려나고 있다. 목적 상실증에 걸려있는 현대인은 지식을 추종하다가 지혜를 잃고, 업적에 매달려 살다가 현대인으로서 삶의 의미를 잃어가고 있다.[12]

이렇게 현대인은 정신세계를 등지고 자신을 잃었다. 현대인은 정신세계와 진정한 자신을 잃어버린 채 자신이 아닌 다른 그 무엇으로 살아가고 있다. 현대인은 자기 자신을 완전히 곡해하며 과도하게 평가절하한다.[13]

덴마크가 낳은 최고의 철학자 쇠렌 키에르케고르(Søren A. Kierkegaard, 1813~1855)[14]는 세상만사는 그것을 재는 척도에 의해 그 의미와 가치가 결정된다고 말했다. 카우보이는 자기가 모는 소 떼를 통해 자기 자신을 본다. 소 떼를 척도로 해서 자신의 정체와 위상을 가늠하는 것이다. 노예의 주인은 자기가 부리는 노예들을 통해 자신을 본다. 노예를 척도로 해서 자신의 정체와 위상을 평가한다. 인간은 신의 형상대로 지음을 받았다는 성경의 가르침을 따랐

12　연세대학교 종교교육위원회, 『현대인과 기독교』(서울: 연세대학교출판부, 1989), 29.
13　김종두, 『키에르케고르의 실존사상과 현대인의 자아 이해』, 10.
14　쇠렌 키에르케고르는 『철학적 단편 후서』에서 스스로 고백했듯이 그는 그 책과 다른 책들의 저자인 자신을 어디까지나 사리를 예리하게 판별하고 진리와 진실을 규명하는 비판적인 철학자로, 혹은 변증가로 간주하였다. 그는 결코 전지전능하신 신의 장중에 있는 전도자나 신학자로 간주하지 않았다. 김종두, 『키에르케고르의 실존사상과 현대인의 자아 이해』, 18.

던 쇠렌 키에르케고르는 인간을 재는 잣대가 자그마치 신(神)이라고 했다. 신을 척도로 하여 인간 존재의 의미와 가치를 평가해야만 한다는 것이다.[15] 따라서 현대인은 무엇을 잣대로 해서 자신을 재고 있는가? 인간은 자신을 무엇으로 인식하고 있는가?

현대인을 위한 기독교

기독교는 진정으로 세계적인 종교다. 이슬람교는 90% 이상이 동남아시아와 중동, 그리고 북아프리카 일대에 거주한다. 모든 힌두교의 95% 이상은 인도와 그 접경 지역에 있다. 그리고 불교의 약 88%는 동아시아에 있다. 그런데 기독교는 약 25%가 유럽에, 25%가 중남미에, 22%가 아프리카에, 15%가 급성장하고 있는 아시아에, 12%가 북미에 거주하고 있다.[16]

타종교와 달리 기독교는 세계 여러 곳에 고르게 분포되어 있다. 그래서 영국 세인트앤드루스 대학교(University of Saint Andrews) 교수였던 리처드 보컴(Richard J. Bauckham, 1946~)은 기독교에 대하여 말하기를, "기독교가 보여 주는 문화적 다양성은 거의 확실하게 모든

---

15 김종두, 「키에르케고르의 실존사상과 현대인의 자아 이해」, 10.
16 Pew Research Center, "Global Christianity", 2011년 12월 19일.

타종교보다 높다"라고 하였다.[17] 기독교는 이미 한 세기가 넘도록 아시아와 아프리카에서 폭발적인 성장을 해 왔다. 기독교는 본래부터도 아니었지만 더는 서구 종교가 아니라 진정한 세계적인 종교라고 할 수 있을 것이다.[18]

기독교의 출현

기독교는 유대교로부터 분리되어 나왔다. 이는 구약성경의 예언된 메시아(Messiah)인 예수 그리스도가 이 땅 가운데 오심으로부터 기독교가 출발하였다. 다시 말해, 구약성경의 예언대로 인류의 구원자로 오신 예수 그리스도를 믿는 공동체가 생기게 되면서부터 기독교는 형성된 것이다.[19] 영국 옥스퍼드 대학교(Oxford University) 과학과 종교 교수인 알리스터 맥그래스(Alister E. McGrath, 1953~)는 기독교에 대하여 말하기를, "내가 기독교 신앙을 발견한 것은, 어느 신비한 섬의 해변으로 떠밀려 올라가 섬의 풍경을 탐험해야 하는 상황과 같았다"라고 하였다.[20]

---

17 Richard J. Bauckham, *Bible and Mission* (Grand Rapids: Baker, 2003), 9.

18 Timothy Keller, 『팀 켈러의 답이 되는 기독교』, 윤종석 역 (서울: 도서출판 두란노, 2018), 212–213.

19 뉴스앤조이, "기독교란 무엇인가?", http://www.newsnjoy.or.kr/news/articleView.html?idxno=30687.

20 Alister E. McGrath, 『믿음을 찾아서』, 홍종락 역 (서울: 도서출판 두란노, 2019).

기독교에 대한 오해

기독교가 실제로 잘못하는 것도 많지만 무엇보다 현대인들의 기독교에 대한 오해도 적지 않다.[21] 기독교에 대한 적잖은 현대인들의 일반적인 오해는 다음과 같다.[22] 첫째, 기독교를 특정한 교리 자체로 이해하려고 한다. 둘째, 기독교를 특정한 공간 안에서의 모임으로 이해하려고 한다. 셋째, 기독교를 세계 3대 종교 가운데 하나로 이해하려고 한다. 이와 같은 기독교에 대한 잘못된 오해가 가장 크다고 하겠다. 물론 이 외에도 기독교에 대한 여러 가지 오해가 있을 수 있다.

그런데 비기독교인이든 기독교인이든 기독교에 대해서는 이와 비슷한 수준으로 이해하고 있다. 물론 기독교는 위에서 언급된 3가지를 모두 포함하고 있다. 그러나 기독교는 이와 같은 3가지를 넘어서는 차원으로 이해해야만 제대로 이해하는 것이다. 의외로 많은 기독교인들은 기독교를 특정한 교리 자체로 이해하려는 경향이 크다. 그래서 그저 성경 지식을 많이 알거나 성경 구절을 많이 외우면 그것을 신앙이 좋은 것으로 여긴다. 그뿐만 아니라 많은 그리스

---

21 한병수, 『기독교란 무엇인가』 (서울: 도서출판 복있는사람, 2017), 19.
22 뉴스앤조이, "기독교란 무엇인가?", http://www.newsnjoy.or.kr/news/articleView.html?idxno=30687.

도인들이 특정한 공간 안에서의 모임에 열심히 참석하여 자신이 기독교에 대해 많은 것을 알고 있으며, 더 나아가 자신의 믿음은 좋은 것으로 스스로를 인정해 버린다. 물론 그렇지 않은 이들도 있지만 의외로 많은 그리스도인들이 이와 같은 함정에 빠져 있다. 그리고 신앙생활을 20년, 30년을 해도 여전히 기독교를 세계 3대 종교의 하나로 여기고 있거나 기독교를 역사책에 등장하는 세계사의 한 부분 정도로 이해하려는 이들도 다반사다. 실제로 많은 그리스도인들이 기독교에 대해 이처럼 이해하려는 경향을 가지고 있다.

기독교의 기능적 측면

그러면 성경이 제시하는 기독교란 무엇인가? 이것을 한마디로 정의하기란 어렵다. 기독교란 오직 유일하신 하나님의 말씀인 성경대로 살아가는 것이다. 즉, 기독교는 교리와 공동체, 그리고 종교성을 뛰어넘어 실제로 진리의 말씀대로 살아가는 삶의 철학이요 삶의 방식인 것이다.[23] 오늘날 기독교는 교리와 종교적 진리에만 머무를 게 아니라 사회가 원하는 진리를 제시할 수 있어야 한다. 그것은 그리스도인들에게 민족과 국가를 하나님 나라로 바꾸는 책임에 동참

---

23 뉴스앤조이, "기독교란 무엇인가?", http://www.newsnjoy.or.kr/news/articleView.html?idxno=30687.

하도록 특전과 사명이 주어졌기 때문이다.[24]

　이렇게 구원받은 그리스도인들이라면 항상 질문하고 또 질문해야 할 것은 다름 아닌 '그렇다면 이제 어떻게 살아야 하는가?'라는 것이다.[25] 그리고 '기독교가 사회에 어떤 답을 주어야 하는가?'하는 것이다. 바로 이것이 성경이 그리스도인들에게 요구하는 기독교인 것이다.[26] 즉, 기독교는 그리스도인들이 이 땅 가운데서 살아가는 삶의 방식에 대한 틀을 제공하는 역할을 해 주는 기능을 가지고 있다. 이것이 기독교의 기능적 측면이다.[27] 기독교는 교리가 아니라 영원히 새로운 진리이다. 기독교는 역사를 이끌어 갈 수 있는 원동력이 되어야 한다. 전 세계 인류가 함께 살 수 있는 폭넓은 가치관을 사회에 심어 줄 수 있는 것이 바로 기독교다.[28]

　기독교 문화가 뿌리내린 곳에는 언제나 기부 문화가 발달하였다. 억만장자였던 미국의 마이크로소프트(Microsoft)설립자 빌 게이츠(Bill Gates, 1955~)는 빈곤 및 질병 퇴치를 위해 재산의 절반인 400억 달러를 출자해 복지재단을 설립하였다. 남은 재산도 모

---

24 김형석, 『왜 우리에게 기독교가 필요한가』 (서울: 도서출판 두란노, 2018), 30.
25 뉴스앤조이, "기독교란 무엇인가?", http://www.newsnjoy.or.kr/news/articleView.html?idxno=30687.
26 김형석, 『왜 우리에게 기독교가 필요한가』.
27 뉴스앤조이, "기독교란 무엇인가?", http://www.newsnjoy.or.kr/news/articleView.html?idxno=30687.
28 김형석, 『교회 밖 하나님 나라』 (서울: 도서출판 두란노, 2019), 107.

두 사회에 기부하겠다고 약속하였다. 그리고 미국의 제강업계를 지배했던 카네기(Andrew Carnegie, 1835~1919)도 자신의 전 재산을 사회에 기부하였다. 그는 2,500여 개의 도서관을 지어 헌납했고, 시카고대학교(University of Chicago)를 비롯한 열두 개의 종합대학과 열두 개의 단과대학 연구소를 지었다. 또한 5,000여 개의 교회를 세워 하나님께 영광을 돌렸다. 카네기는 65세가 되었을 때 '부자인 채 죽는 것은 정말 부끄러운 일'이라며 남은 재산을 모두 사회복지를 위해 헌납하였다.

이러한 베풂과 나눔은 기독교의 원리이자 가르침이다. 그러나 이것은 강요나 명령에 의해서가 아니라 은혜로 인한 기쁨으로 이루어져야 한다. 예수님은 우리가 지극히 작은 자, 보잘것없는 자에게 한 것이 곧 예수님 자신에게 한 것이라고 말씀하셨다. 기독교의 참된 기능은 구원의 은혜를 거저 받았으니 거저 나누어 주는 삶의 자세를 가졌다. 섬김과 나눔, 그리고 베풂은 소유의 문제가 아니다. 여유가 있어야만 남을 섬길 수 있는 것이 아니다. 기독교는 나눔을 통해 은혜를 더욱 풍성하게 누린다. 나눔과 베풂은 은혜의 선순환(善循環)을 가져오는 것이다.[29]

---

29 김은호, 『은혜에 굳게 서라』 (서울: 도서출판 두란노, 2018).

기독교의 내용적인 측면

기독교는 '무엇을 믿는가?'(What do you believe?)를 직접 다룬다. 사람들은 특정한 행동을 하기 전에 먼저 생각한다. 무턱대고 무엇을 믿고 따르는 것이 아니라 어떠한 내용에 대한 이해와 설득을 당할 때 인간의 행동이 나오게 된다. 이는 곧 기독교는 사람들이 믿어야 할 내용을 담고 있음을 의미하는 것이다. 그것이 바로 성경 66권에 기록되어 있는 내용이다. 그 내용의 중심은 바로 구원자이신 예수 그리스도이시다. 다시 말해, 기독교는 인류의 죄악과 사망에서 구원하실 구원자 예수 그리스도를 믿는 내용을 가지고 있다.[30]

그래서 최근 베스트셀러 『백년을 살아보니』 저자로 대한민국 1세대 철학자인 연세대학교 명예교수 김형석은 기독교에 대하여 말하기를, "기독교의 가장 중요한 선택은 예수 그리스도를 출발점으로 삼아서 하나님 나라를 건설하고 앞으로 나아가는 것이다. 그것을 하지 못하면 기독교는 사회의 희망이 될 수 없다"라고 하였다.[31] 기독교는 모든 사람과 더불어 살면서 이루어지는 것이다. 그러하기에 '너는 아니다. 너는 지옥 갈 사람이다. 너는 우리와 반대편에 있

---

30 뉴스앤조이, "기독교란 무엇인가?", http://www.newsnjoy.or.kr/news/article View. html?idxno=30687.
31 김형석, 『교회 밖 하나님 나라』, 86.

기 때문에 안 된다'며 편 가르기를 해서는 안 된다. 기독교는 사람을 편 가르기를 하는 종교가 아니다. 교회가 너무 편 가르기를 많이 하는데, 그것은 옳은 것이 아니다.[32] 기독교에서 예수 그리스도를 제외한 주인공은 베드로와 바울이다.[33] 특히 유대인이자 오늘날의 터키 남동부에서 태어나고 자랐던 바울은 당대 최고의 철학자이며, 예수 그리스도의 제자였다.[34]

그는 당시 유대인들은 기적을 바라고 헬라인은 지혜를 믿는다며 자신은 이 두 가지를 다 경험한 자로서 거기에 희망이 없음을 안다고 했다. 예수 그리스도는 고대의 긴 역사가 끝나고 희망을 다 잃어버렸을 때 오셨다. 그리스 철학이나 로마의 사상이 황혼기가 된 때였다. 바울은 앞으로 예수 그리스도의 인격과 예수 그리스도의 인생, 예수 그리스도의 십자가만이 역사의 희망이라고 믿었다.[35] 바울의 역사적 업적은 오늘날까지 현대인들뿐만 아니라 그리스도인들의 삶에 영향을 끼치고 있다.[36]

최근에 유럽 철학자 야콥 타우베스(Jacob Taubes)와 조르조 아감벤(Giorgio Agamben), 슬라보예 지젝(Slavoj Zizek), 스타니슬라스 브레

---

32 김형석, 『교회 밖 하나님 나라』, 104.
33 김형석, 『교회 밖 하나님 나라』, 118.
34 Nicholas Thomas Wright, 『이것이 복음이다』, 백지윤 역 (서울: IVP, 2017), 31.
35 김형석, 『교회 밖 하나님 나라』, 118.
36 김형석, 『백년을 살아보니』 (서울: Denstory, 2016), 146.

튼(Stanislas Breton), 알랭 바디우(Alain Badiou)는 바울에 대하여 말하기를, "현대 서구 세계의 정치적 그리고 문화적 맹관을 뚫고 새로운 가능성을 상상할 수 있게 해 주는 사상가임을 재발견했다"라고 하였다. 특히 바디우는 자기 자신을 바울의 종교적인 신념과 분리시켜 바울을 절대적인 사건 안에서 세워진 진리, 즉 바울에게는 그리스도 사건 안에서의 하나님의 은혜에 주목한 위대한 인물로 칭송한다. 바디우는 바울의 은혜의 신학 안에는 사회적 문화적 차이점들을 무시하지 않으면서도 그것을 뛰어넘는 능력이 있음을 인정한 것이다.[37]

결론적으로 이러한 기독교는 현대인을 위해 존재한다. 현대인에게 잘 알려져 있는 세계적인 기업가 록펠러(John D. Rockefeller, 1839~1937)의 삶은 미국의 발전 과정과 많이 닮았다. 석유왕 록펠러로 불릴 때까지만 해도 그는 억척스런 사업가에 불과했다. 그러나 그는 록펠러재단을 설립하고 사회에 공헌하며 자신의 소유를 공유하게 되었다. 뉴욕의 UN빌딩은 록펠러가 기증한 땅 위에 세워졌다. 대표적인 아이비리그대학 중 하나로 알려진 시카고대학교를 설립한 사람도 록펠러이다. 미국뿐만 아니라 인도와 아프리카도 도왔

---

37 Alain Badiou, *Saint Paul* (CA: Stanford University Press, 2003).

다. 한국전쟁 후, 대한민국의 『우리말사전』은 록펠러재단의 후원으로 만들어졌다. 미국의 자본주의는 개인 소유 체제에서 출발했지만 지금은 개인이 가진 소유를 사회에 기여하도록 하는 체제로 개선되었다. 이것이 기독교 정신이다. 될 수 있으면 자신은 적게 가지고 많은 것을 남의 손에 주는 사람이 기독교인이다. 기독교인이 다른 사람보다 열심히 일해야 하는 이유는 예수님의 말씀을 받아들여 더 많이 벌고 그것으로 남을 돕기 위해서다. 그러나 무조건 공짜로 도와주는 것이 아니라 일의 대가로 주어야 한다.[38]

여기서 현대인에 기독교의 정신이 무엇인가를 생각하게 된다. 그것은 일을 사랑할 줄 아는 것이다. 그리고 현대인을 사랑하지 못하면서 어떻게 기독교인이라고 말할 수 있는가? 기독교인은 신앙인이지만 동시에 현대인이다. 당시 현대인이셨던 예수님은 이웃을 사랑하라고 하셨다. 이웃을 위해서 사랑을 베풀지 않는 사람은 기독교인이 아니다. 수녀님과 신부님들의 고민을 잘 아는가? 그들에게는 대체로 친구가 없다. 하나님과 자신의 관계에만 집중하다 보니 인간관계를 소홀히 해서다. 예수님은 사람들과 우정을 나누며 살라고 하셨고, 하나님과의 관계에만 집중하라고 말씀하지 않으셨

---

38 김형석, 『교회 밖 하나님 나라』, 201.

다. 이웃을 사랑하는 일은 주님이 인간에게 부탁하신 일이다.[39]

　쇠렌 키에르케고르에 의하면, 실존과 진리의 문제에 대한 궁극적인 해결책을 제시해 주는 기독교의 세계관은 이성의 한계를 초월하는 초합리적 이치일 뿐만 아니라 이성의 견지에서 볼 때 전혀 비현실적이며 부조리한 이치와 거침새, 그리고 역설이다. 그것도 상대적인 역설만이 아닌 절대적인 역설이다. 그것은 어떠한 이성적 해명도 불허한다. 그러므로 그것을 수락하기 위해서는 이성을 포기해야만 한다. 그리고 신앙의 순교를 해야만 한다. 즉, 자아를 십자가에 못 박아야만 한다.[40] 이처럼 기독교는 쇠렌 키에르케고르가 표현한 대로 '하나님 앞에서의 자아가 우리의 참 자아'라는 답을 내놓았던 것이다.[41]

39　김형석, 『교회 밖 하나님 나라』, 209-210.
40　김종두, 『키에르케고르의 실존사상과 현대인의 자아 이해』, 12.
41　Timothy Keller, 『팀 켈러의 답이 되는 기독교』, 201.

chapter
02

인문학으로 톺아보기 :

하나님은
왜 필요한가?

현대인의 고민 중 하나가 무엇인가? 믿고 싶어도 믿어지지 않는 신의 존재가 아닐까 싶다. 과거 사람들은 도깨비나 내세(來世)의 존재에 대해 쉽게 믿었다. 그러한 신의 존재 또한 그리 어렵잖게 믿었다. 심지어 위대한 현대 과학의 아버지 아이작 뉴턴(Isaac Newton, 1642~1727)과 독일의 수학자이자 천문학자로 17세기 천문학 혁명을 일으킨 중심인물 중 한 사람이었던 요하네스 케플러(Johannes Kepler, 1571~1630)와 같은 사람도 그들의 과학적 지식과 함께 하나님을 믿는 데 별 어려움을 느끼지 않았

다.[1] 하지만 현대인들은 그것이 어렵게 느껴진다. 자신의 눈에 보이지 않기 때문이다. 자기가 경험하고 확실히 아는 것에 근거로 하여 논리적으로 추론할 수 없는 것은 도무지 믿으려 하지 않기 때문이다. 심지어 현대인들은 믿어야 할 필요가 있고, 믿고 싶은데도 믿어지지 않아서 고민해야 하는 상태까지 이르렀다.[2] 오늘날 기독교 신학은 '신은 어떤 존재인가?'(Who God is?)라는 대명제의 객관적 이해가 정리된 결과물이다. 히브리 전통에서 하나님에 대한 앎은 신이 하는 일에 대한 역사를 중요시한다. 하나님을 모른다는 것은 신에 관한 지식의 부재가 아니다. 그분이 나에게 행하신 일을 망각했다고 하는 것이 더 적절할 것이다.[3]

성경은 하나님이 이스라엘 백성에게 행하신 일을 끊임없이 반복해서 기록하고 기록한다. 그래서 이스라엘 백성은 하나님이 이스라엘 백성에게 행하신 일을 끊임없이 반복해서 기억하고 기록한다. 그들은 기도할 때 "아브라함의 하나님, 이삭의 하나님, 야곱의 하나님"이라고 하면서 민족의 역사를 상기한다. 신의 부재를 느끼는 처절한 고통 가운데서도 역사 속의 하나님을 기억했기에 그들은 신앙

---

1 손봉호, 『나는 누구인가』, 14.
2 손봉호, 『나는 누구인가』, 14.
3 국민일보, 2020년 1월 30일자.

의 위기를 극복할 수 있었다.[4] 따라서 현대인에게 하나님의 존재를 위한 논증들로 우주론적 논증, 도덕론적 논증, 존재론적 논증, 목적론적 논증과 함께 현대인을 위한 하나님에 대한 이해에 대하여 살펴보고자 한다.

하나님의 존재를 위한 우주론적 논증

우주론적 논증(Cosmological Argument)은 어떤 존재가 우리 주변의 사물들을 존재하도록 만들지 않았다면 그 사물들은 존재할 수 없다는 주장이다.[5] 이 논증은 '우주', 곧 희랍어 '코스모'(Kosmo)로부터 시작하여 하나님의 존재를 논증하기 때문에 우주론적 논증이라고 불린다.[6] 이 주장에 기초해서 하나님이 실재하신다는 결론을 도출한다. 예를 들어, 다이아몬드와 민들레 그리고 낙타 같은 것은 모두 주변 요소와 원인들 전체와 동떨어져서 존재할 수 없는 것이다. 이러한 논증은 우리가 하나님을 사물이나 사건을 시작하게 하는, 또는 기원하게 하는 원인으로 생각해야만 한다고

---

4 국민일보, 2020년 1월 30일자.
5 William A. Dembski & Michael R. Licona 편집, 『기독교를 위한 변론』, 박찬호 역 (서울: 새물결플러스, 2016), 21.
6 연세대학교 종교교육위원회, 『현대인과 기독교』, 29.

말한다.[7]

13세기의 위대한 철학자였던 토마스 아퀴나스(Thomas Aquinas, 1225~1274)는 『대이교도 사전』(*Summa contra gentiles*)[8]에서 우주론적 논증에 대하여 말하기를, "우리는 세상에서 존재할 수 있거나 존재할 수 없는 것들을 본다. 지금 존재할 수 있는 모든 것은 그것에 대한 원인을 갖고 있다. 그러나 우리는 무한정 원인을 소급할 수 없다. 그러므로 우리는 필연적인 어떤 존재를 상정해야만 한다"라고 하였다.[9] 다시 말해 더 이상의 원인을 갖지 않는 존재, 곧 제1원인(causa prima)을 전제할 수밖에 없다. 제1원인은 곧 최초의 존재가 하나님이다. 이것이 소위 말하는 아퀴나스의 유명한 '하나님의 존재를 위한 우주론적 논증'이다.[10]

우선, 그 최초의 원인과 하나님을 어떻게 동일시할 수 있는지 문제가 생긴다. 더군다나 성경이 말하는 하나님은 최초의 주원인으로서의 신이 아니라 모든 것을 자기의 뜻에 따라 창조하신 신으로

---

7   William A. Dembski & Michael R. Licona 편집, 『기독교를 위한 변론』, 21.
8   아퀴나스는 그의 과학에 대한 정의에 근거한 신에 대한 하나의 명제에 대하여 말하기를, "만약 과학이 그 원인에 의해서 발생하는 사건에 대한 지식이라면, 또한 신이 모든 원인들과 결과들의 순서를 안다면, 또한 그에 따라 개별자들의 적절한 원인을 안다면, 적절한 의미에서 그것은 신 안에 과학이 있다는 것을 의미한다"라고 하였다. 이러한 추론은 아리스토텔레스적인 삼단논법의 하나의 전형을 보여 준다. 유승현, "토마스 아퀴나스에게 있어서 '과학'(Scientia)의 개념", https://minjungtheology.tistory.com/702.
9   William A. Dembski & Michael R. Licona 편집, 『기독교를 위한 변론』, 22.
10 연세대학교 종교교육위원회, 『현대인과 기독교』, 29.

42   인문학으로 기독교 톺아보기

기술된다. 그런데 최초의 원인을 창조주와 동일시할 수는 없다. 그리고 모든 것의 원인이 반드시 하나일 필요는 없다.[11] 결국, 이 논증은 존재하는 진짜 하나님을 떠나서 우리가 살고 있는 실재인 우주를 이해할 수 없다는 것을 보여 준다.[12]

네덜란드 수상을 지낸 18세기의 위대한 신학자요, 화란 암스테르담 자유대학교(Vrije Universiteit Amsterdam)의 설립자 아브라함 카이퍼(Abraham Kuyper, 1837~1920)는 우주론에 대하여 "기독교 진리의 지배적인 원칙은 구원론(즉, 믿음으로 구원 얻는 것)이 아니라, 우주론(즉, 보이는 것과 보이지 않는 것을 포함하는 우주의 모든 영역과 나라들에 대한 삼위 하나님의 주재권)이다"라고 하였다.[13] 이처럼 우주 전체는 오직 하나님과의 관계를 통해서만 이해될 수 있다는 것이다.[14]

하나님의 존재를 위한 도덕론적 논증

도덕 원리의 적용과 표현은 문화마다 다르지만 문화권을 뛰어넘는 기본적인 도덕 원리는 분명히 존재한다. 도덕적인

---

11 손봉호, 「나는 누구인가」, 19.

12 William A. Dembski & Michael R. Licona 편집, 「기독교를 위한 변론」, 28.

13 Abraham Kuyper, *Christianity* (Marlborough: Plymouth Rock Foundation, 1996), 46.

14 Charles Colson & Nancy Pearcey, 「그리스도인, 이제 어떻게 살 것인가?」, 정영만 역 (서울: 요단출판사, 2002), 13.

원칙은 발견되는 것도 발명되는 것도 아니다. 객관적인 도덕 가치가 존재하지 않는다면 도덕적인 개혁은 아무런 의미가 없다. 개혁하기 위한 환경을 조성하는데 시간이 걸릴 수는 있겠지만 이 일이 인간의 역사를 통해서 도덕성이 진화했고, 도덕성은 단지 인간의 발명품에 불과하다는 것을 의미하지는 않는다. 도리어 그런 사실을 엄청난 대가를 치르고서라도 발견하고 추구해야 할 도덕적 원칙이 있음을 보여 준다.[15] 도덕론적 논증(Moral Argument)은 도덕을 명하는 절대적인 능력을 가진 존재를 말한다. 평택대학교 조직신학 교수 안명준은 도덕론적 논증에 대한 문제점에 대하여 말하기를, "무한한 창조주 하나님을 믿는 신앙을 배제하는 것이 문제다"라고 하였다.[16] 윤리적인 기초에 관한 현대 서구의 논의가 위기에 처해 있다. 이러한 사실은 지금 폭넓게 인정되고 있다.[17]

그래서 미국 팜비치애틀랜틱대학교(Palm Beach Atlantic University)의 철학과 윤리학 교수 폴 코판(Paul Copan)은 궁극적인 위기에 대하여 "하나님을 언급하지 않고 윤리학에 접근한 결과 초래된 것으로 보인다. 도덕성이 신학적인 뿌리에서 잘려 나갈 때 세속 윤리학은

---

15 William A. Dembski & Michael R. Licona 편집, 『기독교를 위한 변론』, 34–35.

16 안명준 교수의 홈페이지, "하나님의 존재에 대한 논증들", http://theologia.co.kr/cgi-bin/spboard/board.cgi?id=a4&action=view&gul=258&page=8&go_cnt=5.

17 John Rist, *Real Ethics* (Cambridge: Cambridge University Press, 2003), 1.

그 자체를 유지할 수 없다. 그것은 결국 죽는다"라고 하였다. 하나님과 객관적인 도덕 가치가 서로 연결되어 있다는 것이다.[18]

사람들은 하나님이 계시지 않아도 무신론자들[19]은 선할 수 있다고 흔히들 말한다. 예를 들어, 미국의 무신론 철학자 마이클 마틴 (Michael Martin)은 유신론자들이 강간을 정죄하기 위해 무신론자들과 동일한 이유를 제시한다고 주장한다. 하지만 강간은 희생자의 권리를 침해하고 사회에 해악을 끼친다.[20] 마틴은 무신론자들이 하나님을 믿지 않고서도 선할 수 있다는 것을 말한다. 하지만 그들은 하나님 없이는 선할 수 없다. 그들이 하나님을 믿지 않는다고 해도 인간은 하나님의 형상으로 만들어졌기 때문에 선한 것을 알 수 있다. 무신론자와 유신론자들이 동일한 가치를 인정할 수 있다. 그러나 유신론자들은 인간의 권리와 존엄에 대한 신념의 근거를 제시할 수 있다. 그것은 인간은 지극히 가치 있는 존재의 형상으로 지음받았기 때문이다.[21]

---

18 Paul Copan, "Is Michael Martin a Moral Realist? Sic et Non", *Philosophia Christi* 1, no.2 (1999), 45–72, 코판은 객관적인 도덕 가치가 존재한다면, 하나님도 존재한다고 말한다. 그것은 우리에게 발생한 윤리적인 위기를 해결하기 위해서는 그분의 형상으로 소중한 인간들이 만들어졌다는 선하신 하나님이라는 인격을 윤리와 인간의 권리, 그리고 인간 존엄성의 필연적인 기초로서 인정해야 함을 논증한다.

19 대표적인 무신론자는 마르크스, 다윈, 니체, 프로이드다.

20 William A. Dembski & Michael R. Licona 편집, 『기독교를 위한 변론』, 34–35.

21 William A. Dembski & Michael R. Licona 편집, 『기독교를 위한 변론』, 35–36.

불가지론(不可知論)자인 폴 드레이퍼(Paul Draper)는 유신론에 대하여 말하기를, "도덕적인 세상은 유신론에 의존해야 더욱 개연적이다"라고 하였다.[22] 미국 독립선언서(Declaration of Independence)에서 주장하는 것처럼 "인간은 창조자에게 양도 불가능한 권리를 부여받았다"라고 하였다. 이러한 선한 창조자는 도덕의 진정한 기초이며, 현재 위기에 처해 있는 도덕을 구출할 궁극적인 소망이 될 것이다.[23] 그래서 하나님은 도덕적인 변화를 통해 인간을 의로운 자로 만드시는 것이 아니라 인간이 믿음으로 그리스도와 연합되어 있는 한 하나님이 인간을 의롭다고 여겨 주신다고 한 것이다.[24]

하나님의 존재를 위한 존재론적 논증

하나님에 대한 존재의 관심은 역사 가운데 늘 있었다. 대표적으로, 서양에서는 신의 존재를 증명하려고 시도했다. 소위 '존재론적 신의 존재 증명'(Ontological Proof for the Existence of God)이라는 것은 근대 합리주의 철학의 창시자라고 일컬어지는 프랑스

---

22 In Greg Ganssle, "Necessary Moral Truths", *Philosophia Christi* 2, no.1 (2000), 111.
23 William A. Dembski & Michael R. Licona 편집, 「기독교를 위한 변론」, 38.
24 John M. G. Barclay, 「단숨에 읽는 바울」, 김도현 역 (서울: 새물결플러스, 2018), 118.

의 데카르트(René Descartes, 1596~1650)가 내놓은 증명 방법이다.[25] 존재론적 신의 존재 증명은 오직 신의 관념으로부터 신의 현존을 이끌어 내는 증명을 의미한다.[26] 즉, 하나님에 대한 관념(idea) 혹은 생각으로부터 하나님의 실재를 증명하려는 것이다.[27] 데카르트는 자신의 저서『성찰』에서 존재론적 신의 존재 논증에 대하여 말하기를, "확실히 나는 임의의 도형이나 수의 관념과 마찬가지로 신, 즉 최고로 완전한 존재자의 관념을 내 안에서 발견하고 있다"라고 하였다.[28] 여기서 데카르트는 신을 완전한 존재자라고 불렀다.[29] 신에 대한 이론적 증명은 이론적으로 증명될 수 있는 하나님이 과연 참 하나님이 될 수 있는가 하는 점이다. 이 이론은 어디까지나 인간의 이론이다. 이러한 이론은 인간이 가진 한계성과 약점을 가지고 있을 수밖에 없다. 이론적으로 증명되고 설명되는 신은 참 하나님이라기보다 사람이 만들어 낸 신일 가능성이 크다.[30]

그러나 여기서 현대인들의 딜레마는 자기가 이해하지 못하는 것을 받아들이려고 하지 않는 반면 인간에 의하여 이해되고 납득

---

25 손봉호, 『나는 누구인가』, 16.
26 René. Descartes, 『성찰』, 이현복 역 (서울: 문예출판사, 1997), 96.
27 손봉호, 『나는 누구인가』, 16.
28 René. Descartes, 『성찰』, 93.
29 손흥국, "데카르트의 존재론적 증명에서 신의 관념", 『철학탐구』 제37집, (2015), 147.
30 손봉호, 『나는 누구인가』, 24.

되는 신은 참 하나님이 될 수 없다는 것을 너무나도 잘 알고 있다는 것이다.[31] 소위 존재론적 신의 존재 증명은 하나님을 구체적으로 기술하려는 목적이 아니다. 결국은 하나님을 인정하지 않는 것도 믿음의 행위라는 것이다. 세상과 그 안의 만물과 깊은 수학적 질서와 물질 자체가 외부의 출처 없이 그냥 주어진 사실로 저절로 존재한다고 입증할 길이 없기 때문이다. 구체적으로 하나님을 아는 주된 방법은 철학적 추론이 아니라 그분의 자기 계시인 성경을 통해서다.[32]

하나님의 존재를 위한 목적론적 논증

목적론적 논증은 우주론적 방법을 가지고 세상의 목적적인, 혹은 계획적인 존재가 있음을 말한다. 우주론적 증명은 우주의 처음을 강조하지만, 목적론적 증명은 끝에 초점을 둔다.[33] 목적론적 논증에 의하면, 이 세계는 조화와 질서를 가지고 있다. 하늘의 무수한 별들이 서로 부딪히지 않고 움직이는 것은 하나님의

---

31 손봉호, 『나는 누구인가』, 26.
32 Timothy Keller, 『팀 켈러의 답이 되는 기독교』, 321-322.
33 안명준 교수의 홈페이지, "하나님의 존재에 대한 논증들", http://theologia.co.kr/cgi-bin/spboard/board.cgi?id=a4&action=view&gul=258&page=8&go_cnt=5.

예정된 조화와 질서가 그 속에 있기 때문이다. 만일 그것이 없다면 이 세계의 모든 것은 서로 충돌할 것이며, 이 세계는 존속할 수 없을 것이다. 이러한 조화와 질서는 결코 우연히 있을 수 없다는 것이다.[34] 이 조화와 질서는 한 이성적인 존재로 말미암아 있게 되었을 것이며, 그를 최고의 목적으로 지향하고 있다. 이 세계의 조화와 질서를 있게 하였고, 모든 사물이 지향하는 이성적 존재 혹은 최고의 목적이 곧 하나님이다.[35] 이와 같은 목적론적 논증의 문제점은 매우 그럴싸하게 보이지만 목적의 마지막인 최고의 존재를 창조주 하나님으로 보지 않는다.[36]

현대인을 위한 하나님

현대인들은 처음 사람을 만났을 때 서로 인사를 나누며 자기의 이름을 밝힌다. 이름과 직급, 그리고 전화번호와 주소가 적힌 명함을 함께 건네받는다. 다른 사람의 이름과 그 사람을 언제 어디서 어떻게 만났는지를 잘 기억하는 것은 상대방에 대한 관심을

---

34 연세대학교 종교교육위원회, 『현대인과 기독교』, 30.
35 연세대학교 종교교육위원회, 『현대인과 기독교』, 30-31.
36 안명준 교수의 홈페이지, "하나님의 존재에 대한 논증들", http://theologia.co.kr/cgi-bin/spboard/board.cgi?id=a4&action=view&gul=258&page=8&go_cnt=5.

나타낸다. 이처럼 다른 사람으로부터 호감을 쉽게 사는 것이 사회 생활에 필요하다.[37]

미국의 작가 데일 카네기(Dale B. Carnegie, 1888~1955)는 자신의 책『카네기 인간관계론』(How to win friends and influence people)에서 성공적인 인간관계의 비결에 대하여 말하기를, "이름을 기억하는 능력은 정치에서 뿐만 아니라 기업 활동과 사회적 인간관계에서도 중요하다"라고 하였다.[38] 세계적인 베스트셀러로서 인간에게 주어진 최대의 선물인 성경에서 하나님은 사람들에게 자신의 이름과 자신의 사랑을 밝히고 있다.

하나님의 이름

사전상에서, 하나님은 '여호와(Jehovah)를 기독교에서 이르는 말'이라고 설명한다. 그리고 '하나님을 찬양하다. 혹은 우리가 보고 알고 있는 모든 것에 하나님의 손길과 뜻이 배여 있지 않은 곳은 없다'라고 되어 있다.[39] 구약성경과 신약성경에서 하나님은 때와 경우에 따라 자신의 이름을 여러 가지로 소개하였다. 하나님의 이름은

---

37 성기호, 『이야기 신학』 (서울: 국민일보사, 1997), 60.
38 Dale B. Carnegie, 『카네기 인간관계론』, 최염순 역 (서울: 씨를 뿌리는 사람, 2004).
39 다음 국어사전, "하나님", https://dic.daum.net/word/view.do?wordid=kkw000283361&supid=kku000360929.

단순한 호칭만이 아니라 자신이 어떤 존재인지를 나타내는 자기 계시의 성격을 지니고 있다. 현대인은 하나님의 이름과 그 이름에 담긴 뜻을 잘 이해함으로 하나님에 대하여 더 깊이 알게 된다.[40] 이렇게 하나님이 존재한다는 사실에서 시작하는 것이 기독교다.

엘로힘 : 구약성경의 첫 번째 책인 창세기(Genesis) 1장 1절[41]에서 하나님의 이름을 '엘로힘'(אלהים)이라고 밝힌다. 하나님은 인간에게 다가오시면서 먼저 자신의 이름을 밝히면서 인간에게 우호적으로 사귀고 싶은 태도를 보이신다. 하나님이라고 번역된 엘로힘이란 말은 '능력', '강함'이라는 히브리어 어근에서 나온 것으로 '강한 자'를 나타낸다. 다시 말해, 엘로힘은 '지도자', '통치자'를 뜻한다. 엘로힘이라는 하나님의 명칭은 창조주로서 능력과 위엄을 나타내며, 우주와 만물을 지으시고 통치하시는 분의 이름으로 적합하다고 할 수 있다.[42]

　사람의 심장은 1분에 평균 60~70회 정도 수축한다. 다시 말해, 하루에 평균 약 10만 번 수축하는 것이다. 사람이 평균 70년을 산

40　성기호, 「이야기 신학」, 60-61.
41　"태초에 하나님이 천지를 창조하시니라"(창세기 1:1).
42　성기호, 「이야기 신학」, 61.

다고 가정할 때, 심장은 자그마치 약 26억 번을 수축한다. 또한 심장이 한 시간 동안 내는 힘은 무려 체중이 75kg인 사람을 3층짜리 건물 꼭대기로 올리는 힘과 같다. 더욱 더 놀라운 것은 태어날 때부터 죽는 순간까지 심장이 단 한 번도 쉬지 않고 뛴다는 것이다.

심장의 고장률은 역사상 인간이 만든 그 어떤 초정밀 기계보다 낮다. 지구와 태양 사이의 거리가 1cm만 가까워져도 모든 생물이 타 죽고, 1cm만 멀어져도 얼어 죽는다. 또한 지구가 똑바로 서 있지 않고 약간 기울어져 있기 때문에 사계절이 존재할 수 있다. 만일 그렇게 기울지 않았더라면 적도 부근에서는 모든 생물이 타 죽었을 것이다. 극지방에서는 너무 추워서 그 어떤 생물도 살지 못했을 것이다.[43] 이처럼 사람과 지구를 비롯하여 이 모든 것을 만들고 운행하는 분이 바로 위대하신 엘로힘 하나님이시다.

여호와 : 하나님은 자신을 소개할 때 두 번째 이름으로 '여호와'(יהוה) 라고 하였다. 성경에서는 총 6,823번 사용된 이름이 여호와다. 이 말은 '스스로 있는 자'라는 의미다(출애굽기 3:14). 여호와는 스스로 존재하는 자, 즉 'I AM WHO I AM'이다.[44] 이처럼 '자존자'(自存者)

---

43 서정오, 『목마른 인생』 (서울: 도서출판 두란노, 2014), 50–51.
44 Key Arthur, 『하나님의 이름』, 김경섭 역 (서울: 프리셉트성경연구원, 1992), 94–95.

란 뜻의 여호와는 하나님의 영원성(永遠性)과 불변성(不變性)을 나타내는 이름이다. 신약성경에서는 하나님을 '알파와 오메가'(A&Ω), '처음과 나중', '이제도 계시고 전에도 계시고 장차 오실 이' 등으로 표현한다.[45]

자동차 운전을 하면서 나름대로 교통법규를 잘 지킨다고 했어도 어느 순간에 규정 속도가 시속 60Km인 곳에서 시속 70Km로 달리고 말았다. 그것이 감시 카메라에 찍혀 범칙금이 나온다. 그 이후, 운전할 때 누군가 나를 지켜보고 있다는 생각을 하며 교통법규를 잘 지킨다. 누군가 자신을 지켜보고 있다는 것을 알면 죄를 지으려다가도 멈칫한다.[46] 이처럼 하나님 나라 CCTV로 사람의 마음과 삶 구석구석을 24시간 낱낱이 살펴보고 있는 분이 여호와이다. 하나님은 과거와 현재, 그리고 미래에도 자신의 백성에게 신실하시다는 것을 보이기 위해 여호와로 소개하고 있다.

아도나이 : 하나님은 또한 '아도나이'(אֲדֹנָי)라는 이름으로 불리기도 한다(창세기 15:2). 이 말은 '나의 주(主)'라는 뜻이다. 아내가 자기 남편에게 순종과 의뢰함을 나타낼 때 쓰이기도 한다(창세기 18:12, 베드로

---

45 성기호, 『이야기 신학』, 61.
46 김범석, 『광야를 걷다』 (서울: 도서출판 두란노, 2014).

전서 3:6). 믿고 따를 대상이 되시는 하나님에 대하여 쓰이는 말이 '아도나이'이다.[47] 그래서 기독교인들은 하나님이 지어 준 피조물인 인간이 자신의 죄에서 구속해 주신 하나님을 향해 '나의 주'(아도나이)라고 부르며, 그분에게 존경과 사랑, 그리고 겸손하게 순종할 것을 다짐하는 것이다.[48]

이 외에도, '여호와 이레'는 '여호와께서 준비하신다'는 의미이다(창세기 22:14). '여호와 닛시'는 '여호와는 나의 깃발'이라는 뜻이다(출애굽기 17:15). '여호와삼마'는 '여호와께서 거기 계시다'는 의미이다(에스겔 48:35). '여호와 샬롬'은 '여호와는 우리의 평화'라는 뜻이다(사사기 6:24). '여호와 치드케누'는 '여호와는 나의 의(義)'라는 의미이다(예레미야 23:6). '여호와 라파'는 '여호와께서 치료 하신다'라는 뜻이다(출애굽기 15:26). '여호와 로이'는 '여호와는 나의 목자'라는 의미이다(시편 23:1).[49]

아이가 부모 없이 어떻게 살아갈 수 있는가? 생존할 수는 있겠지만 진정한 삶을 영위해 나갈 수는 없다. 아이에게는 진정으로 사랑하며 키워 줄 부모가 필요하다. 부모의 사랑이 끝이 없다고 하지

---

47 성기호, 『이야기 신학』, 62–63, Key Arthur, 『하나님의 이름』, 100–101.
48 성기호, 『이야기 신학』, 62.
49 성기호, 『이야기 신학』, 62–63.

만 인간의 사랑은 조건적인 경우가 많다. 그러나 하나님의 사랑은 그것과 비교할 수 없을 만큼 완전한 사랑이다.[50] 그래서 예수님은 구원하시는 하나님을 가리켜 부모와 같은 아버지로 소개하였다. 신약성경에서 아버지라는 말이 417번 나온다. 이 중에서 하나님을 가리키는 경우는 265회나 된다. 죄인이 거듭나서 하나님의 자녀가 되었을 때 하나님을 '아버지'라고 부르게 되며, 이 말은 부자간의 친밀함을 나타낸다(로마서 8:14-16).[51] 인간은 누구나 하나님 아버지의 품을 떠나는 순간, 하나님의 형상을 잃게 되는 것이다.

하나님의 사랑

기독교를 사랑의 종교라고 부른다. 기독교의 사랑은 하나님의 성품 중 하나일 뿐만 아니라 하나님 자체가 사랑이다(요한일서 4:8). 그 사랑은 하나님께 속한 것이기 때문에 사랑하는 자마다 하나님께로 나서 하나님을 알게 된다. 그래서 예수님도 서로 사랑함이 그리스도의 제자 된 모습이라고 했다(요한복음 13:35).[52]

사람들은 사랑이라는 말을 많이 사용한다. 사랑이 무엇이냐고

---

50 박영덕, 『차마 신이 없다고 말하기 전에』 (서울: IVP, 2014), 53.
51 성기호, 『이야기 신학』, 63. 기독교에서는 주기도문을 외우며 '하늘에 계신 우리 아버지여'라고 하나님을 부를 때마다 구원받은 성도가 같은 하나님을 우리의 아버지로 모시는 형제자매들임을 깨닫고 서로 사랑하며 주 안에서 하나 되기를 힘쓰는 것이다.
52 성기호, 『이야기 신학』, 84.

묻는다면 대답하기가 쉽지 않다. 시와 노래 가사에는 사랑을 표현하는 경우가 가장 많은데 실제로 사랑이 무엇이라고 한마디로 표현하기란 쉽지 않을 것이다. 흔히 현대인들이 말하는 사랑은 육체적인 사랑, 즉 성적인 사랑인 경우가 대부분이다. 이러한 사랑을 '에로스'(ἔρως)라고 부른다. 그런데 이 사랑은 극히 이기적이고 타산적인 사랑이다. 그것은 이러한 사랑이 변하기 쉽고, 사랑이 컸던 만큼 미움도 커질 수 있기 때문이다.[53]

한 걸음 더 나아가 혈육 간의 사랑인 '스토르게'(στοργή)이다. 이 사랑은 형제와 친척, 그리고 가족 간에 느끼는 자연적인 사랑을 말한다. 또한 친구 간의 우정을 말할 때 '필리아'(φιλία)가 있다. 그런데 하나님의 성품인 사랑은 초자연적인 사랑, 혹은 신적인 온전한 사랑이다. 이것이 기독교가 내세우는 사랑으로 현대인들 또한 가져야 할 사랑이 바로 하나님의 사랑인 '아가페'(αγαπη)이다. 이처럼 하나님의 사랑은 무조건적(無條件的) 사랑, 이타적(利他的) 사랑이다. 자식을 향한 부모의 사랑에서 아가페적인 사랑의 모습을 발견할 수 있다.[54]

어느 농가에서 불이 나자 잠자던 식구들이 겨우 불길을 피해 빠

---

53 성기호, 「이야기 신학」, 84-85.
54 성기호, 「이야기 신학」, 85.

져나왔다. 그런데 벽 쪽에 붙어 있는 닭장의 문을 열어 주지 못해 안타까워했는데 불길이 잡힌 후 가까이 가 보니 어미 닭이 까맣게 탄 채 쭈그리고 앉은 것을 발견하게 되었다. 타 죽은 닭을 치우자 날개 밑에는 노란 병아리들이 고스란히 살아 있었다고 한다. 미물 (微物)의 짐승이라 할지라도 자기 새끼에 대한 사랑은 부모가 공통으로 갖는 아가페적인 사랑의 일면이 있다.[55]

아가페적인 사랑은 영원한 사랑이다. 이 사랑은 죽음도 두려워하지 않고, 어떠한 환경에서도 변하지 않는 사랑이다. 참사랑에는 분명히 희생이 따르게 마련이다. 그래서 신약성경 로마서 5장 8절에 "우리가 아직 죄인 되었을 때에 그리스도께서 우리를 위하여 죽으심으로 하나님께서 우리에 대한 자기의 사랑을 확증하셨느니라"고 하였다. 그리고 요한일서 4장 10절에 의하면, "사랑은 여기 있으니 우리가 하나님을 사랑한 것이 아니요 하나님이 우리를 사랑하사 우리 죄를 속하기 위하여 화목제물로 그 아들을 보내셨음이라"고 하였다.

자비로우신 하나님은 죄인 된 인간을 살리려고 자신의 독생자 (獨生子)를 희생하였고, 예수님은 자신을 희생하셨다. 예수님은 자

---

55 성기호, 『이야기 신학』, 86.

기의 사람들을 사랑하시되 끝까지 사랑하셨다(요한복음 13:1)는 사실이 하나님의 사랑은 영원불변이라는 것을 가르쳐 준 것이다.[56] 결혼식에서 신랑과 신부가 사랑을 약속할 때 건강하든지 병들든지 부해지든지 가난하게 되든지 높아지든지 비천하게 되든지 어떤 경우에라도 서로를 향한 사랑을 변치 않겠다고 서약한다. 사랑은 할수록 더 커진다. 그러므로 현대인이든 기독교인이든 간에 그 단계를 희생적이고 불변적인 아가페적 사랑의 단계까지 성장시켜야 할 것이다.[57]

20세기 최고의 기독교 사상가 C. S. 루이스(C. S. Lewis, 1898~1963)는 사랑에 대하여 말하기를, "천국은 날마다 만나는 가슴 설레는 첫사랑의 향연이다"라고 하였다. 프랑스 격언에 따르면, 사랑에 대하여 "사랑은 언제나 더 한층 깊어지든가 아니면 점점 식어진다. 결코 제자리에 머물지 않는다"라고 하였다. 바다보다 깊고 하늘보다 높은 하나님의 사랑을 현대인과 기독교인은 하나님을 향한 사랑, 부모와 형제를 향한 사랑, 친구와 이웃을 향한 사랑은 물론 원수를 사랑하기까지 사랑을 실천하고, 아가페적인 사랑, 즉 무조건

---

56 성기호, 『이야기 신학』, 86-87.
57 성기호, 『이야기 신학』, 87.

적이고 희생적인 영원불변한 사랑을 점점 키워가야 할 것이다.[58]

결론적으로 이러한 하나님의 존재는 현대인을 위해 존재한다. 하나님의 존재는 이론의 차원에서 증명될 수 있는 문제가 아니다.[59] 원칙적으로 인간의 이성은 하나님의 존재를 증명할 수도 없고 부인할 수도 없다. 하나님은 인간의 능력 밖에 계시기 때문이다.[60] 실제로 성경이 가르치는 하나님은 이론적으로 증명되는 것을 거절하시는 하나님이다.[61] 현대인에게 하나님은 기독교가 단지 실천의 차원에서 하나님의 살아 계심을 혹은 하나님의 존재를 다음과 같이 제시할 수 있다.[62]

첫째, 하나님의 존재는 객관적으로 증명할 수 없지만, 위대한 신앙인의 삶에서 하나님의 살아 계심을 볼 수 있다. 하나님의 존재는 하나님의 축복을 받아서 이 세상의 부와 명예를 누리며 사는 사람들에게서 볼 수 있는 것이 아니다. 하나님의 존재는 이름도 없이 빛도 없이 예수 그리스도의 고난에 동참하는 사람들의 헌신적인 모습에서 하나님의 살아 계심을 볼 수 있을 것이다. 기독교 신앙의 본질은 가난하고 억눌린 사람들과 함께 삶을 나누고 십자가의 죽임을

---

58 성기호, 『이야기 신학』, 59.
59 손봉호, 『나는 누구인가』, 24.
60 연세대학교 종교교육위원회, 『현대인과 기독교』, 38.
61 손봉호, 『나는 누구인가』, 27.
62 연세대학교 종교교육위원회, 『현대인과 기독교』, 38.

당한 예수 그리스도의 뒤를 따라가는 데 있다.[63]

기독교 신앙의 세 가지 기둥이라 함은 사도신경과 십계명, 그리고 주기도문으로서 사도신경은 그리스도인이 무엇을 믿는 사람인지를, 십계명은 그리스도인이 어떻게 살아야 하는지를, 그리고 주기도문은 그리스도인이 어떻게 기도해야 하는지를 가르쳐 주는 것이다.

인류 역사상 손꼽을 만큼 아름다운 작품을 남긴 사람이 있다. 그러나 그의 생애는 말할 수 없는 고난의 연속이었다. 그가 열 살도 되기 전에 부모님이 돌아가셨고, 그를 키워 준 형은 그를 몹시 미워했다. 그는 결혼한 지 13년 만에 아내와 사별했다. 재혼한 그에게는 모두 스무 명의 자녀가 있었는데, 그중 열 명은 어려서 죽었다. 한 명은 스무 살쯤 되어 죽었고, 한 명은 지적 장애를 가지고 있었다. 평생 가난하게 살았던 그는 나이 들어서는 시각 장애인이 되고 말았고, 뇌출혈로 쓰러져 반신불수(半身不隨)까지 되었다. 그러나 이러한 상황에서도 그는 계속 작곡을 했고, 불후의 명작들을 남겼다. 그는 자신이 작곡한 칸타타(cantata)나 오라토리오(oratorio)의 마지막 부분에 항상 '오직 하나님께 영광'(*Soli Deo Gloria*)이라고 서명함으로써 믿음의 고백을 적었다. 그가 바로 음악의 아버지요, 교회 음악 작곡

---

63 연세대학교 종교교육위원회, 『현대인과 기독교』, 38-39.

가 가운데 가장 뛰어난 요한 제바스티안 바흐(Johann Sebastian Bach, 1685~1750)이다.[64] 이러한 그의 삶을 통해 인간은 하나님의 존재를 알 수 있는 것이다.

둘째, 하나님의 존재는 교만한 마음으로 위대한 일을 하는 사람이 아니라 겸손한 마음으로 작은 동전 두 닢을 바치는 가난한 과부[65]에게서 하나님의 살아 계심을 볼 수 있다. 중요한 것은 물질의 많고 적음이 아니라 하는 일이 크고 작음에 있는 것이 아니라 순수한 마음에 있다. 하나님 앞에서 바르게 살며 어떠한 사람이라도 증오하지 않고 무한한 사랑으로 대하는 그 마음이 없다면 어떠한 이념도 구원의 길이 될 수 없다. 가장 근본적인 구원의 길은 예수 그리스도의 십자가 앞에서 하나님의 사랑을 깨닫고 자기를 비우고 그리스도와 함께 그의 뒤를 따르는 사람들의 마음에 있다. 그리고 그 마음에서 하나님의 살아 계심을 볼 수 있다.[66]

셋째, 하나님의 존재는 사람들의 운명(運命)[67]에서 하나님의 살아 계심을 볼 수 있다. 겉으로 보기에는 하나님 없이 자신의 욕망에 따라 사는 사람들이 더 행복하게 사는 것처럼 보인다. 바르게 사는

---

64 박윤성, 『히브리서, 어떻게 가르칠까』 (서울: 기독신문사, 2004).
65 누가복음 21:1-4를 참고하라.
66 연세대학교 종교교육위원회, 『현대인과 기독교』, 39-40.
67 운명은 인간을 포함한 우주의 일체를 지배한다고 생각되는 초인간적인 힘을 말한다.

사람들이 고난을 당하는 일도 많다. 그러나 길고 짧은 것은 대어 보아야 안다. 잠언 11장 5-6절[68]에 의하면, 악인은 언젠가 그가 지은 악의 열매를 받으며, 의로운 사람은 살아서 구원을 받는다고 말한다. 물론 이 말씀의 진실성을 객관적으로 증명할 수는 없다.[69] 하나님은 모든 사람들의 운명을 통해 혹은 만물을 통해 하나님을 발견할 수 있도록 자신을 나타내신다. 그러므로 하나님을 몰랐다고 핑계댈 수 있는 사람은 없을 것이다.[70]

넷째, 하나님의 존재는 역사의 과정에서 하나님의 살아 계심을 통해 볼 수 있다. 역사 속에는 우여곡절(迂餘曲折)도 많으나 그럼에도 하나님의 정의와 자유가 역사의 과정을 통해 점차적으로 실현됨을 볼 수 있다. 독일의 철학자 헤겔(Georg Wilhelm Friedrich Hegel, 1770~1831)은 세계사에 대하여 말하기를, "세계의 역사는 자유의 역사이다"라고 하였다. 그것은 인간이 인간에 의해서 억압받지 않으며, 모든 인간이 독립된 주체로서 평등과 자유를 획득해 가는 과정이다. 세계사는 하나님의 정의와 자유가 실현되어 가는 과정이므로, 이러한 역사의 과정을 통해서 하나님의 살아 계심을 볼 수 있을

---

68 "완전한 자의 공의는 자기의 길을 곧게 하려니와 악한 자는 자기의 악으로 말미암아 넘어지리
   라 정직한 자의 공의는 자기를 건지려니와 사악한 자는 자기의 악에 잡히리라"(잠언 11:5-6).
69 연세대학교 종교교육위원회, 『현대인과 기독교』, 41-42.
70 성기호, 『이야기 신학』, 59.

것이다.[71]

마지막으로 다섯째, 하나님의 존재는 무엇보다 성경을 통해 하나님의 살아 계심을 볼 수 있다. 성경은 하나님의 살아 계심과 하나님이 어떤 존재인지를 가장 분명히 기술하고 있다. 당시 고대 근동 지역에서 경제, 정치, 사회적으로 약자들이었던 이스라엘 사람들을 그의 백성으로 삼으시고 정의와 사랑, 그리고 평화가 실현된 구원받은 세계를 이루고자 하시는 하나님, 예수 그리스도 안에서 자기를 인간과 동일화시키고 죄인과 세리들의 친구가 되신 하나님, 예수님의 십자가를 통하여 인간의 자기중심적인 모든 죄악을 용서하시고, 하나님 나라를 새롭게 시작하시는 하나님의 모습이 성경에 기록되어 있다.[72]

전 성결대학교 총장이자, 조직신학 교수였던 성기호는 성경에 대하여 말하기를, "성경은 하나님의 존재를 증명하기 위하여 쓰여진 책이 아니다. 하나님의 존재를 전제로 하여 하나님의 성품과 그의 뜻, 그리고 하나님이 하신 일들을 기록한 책이다"라고 하였다.[73] 따라서 성경에 나타난 기독교의 정신을 기독교 안에서의 교리로만

---

71 연세대학교 종교교육위원회, 『현대인과 기독교』, 42.
72 연세대학교 종교교육위원회, 『현대인과 기독교』, 42-43.
73 성기호, 『이야기 신학』, 57.

소장하는 것이 아니라 현대인들을 위한 진리의 말씀으로도 개방해야 한다. 예수님의 가르침은 교리를 위함이 아니라 모든 현대인의 가치관과 인생관을 설정할 수 있는 진리이기 때문이다.[74]

현대인에게 성경은 이와 같이 하나님의 존재뿐만 아니라 그의 창조주이심을 증명하고 있다. 더 나아가, 하나님은 어느 곳에나 계시며 지쳐 있는 현대인들에게 위로와 평안을 주시는 분이다. 그럼에도 현대인이 하나님의 존재를 믿기 어려운 것은 자신의 지식과 경험을 중요시하기 때문이다. 그리고 마음에 심어진 하나님에 대한 느낌이 온갖 외적인 관심들에 의해서, 억눌려지거나 여러 가지 매혹적인 이론들에 의해서 설명되어 버리기 때문이다.[75] 그런 자신감이 현대인으로 하여금 참 하나님을 대신하여 다양한 형태의 인조 하나님들을 제조하게끔 한다. 더 나아가서, 현대인은 자신의 가슴에 귀 기울이며 거기에 심어진 하나님에 대한 느낌을 정직하게 받아들여 그 근원을 찾는 것이 하나님을 만나는 길이다.[76]

---

74 김형석, 『왜 우리에게 기독교가 필요한가』, 6.
75 손봉호, 『나는 누구인가』, 46.
76 손봉호, 『나는 누구인가』, 46.

chapter
03

인문학으로 톺아보기 :

예수님은
왜 필요한가?

✦

✦

✦

전 세계 미술관에 흩어져 있는 예수님의 초상화는 이루 헤아릴 수 없을 만큼 많다. 그러나 초상화들이 표현하는 예수님의 이미지가 크게 상충(相衝)하는 경우가 허다하다. 그것은 예수님이 육체로 세상에 계실 때 정확하게 어떤 모습을 하고 있었는지 짐작하는 데 그다지 도움이 안 된다. 초상화에 표현된 예수님의 이미지가 다양한 만큼이나 현대인에게 예수님은 누구신가에 관한 혼란도 극심하다.[1] 그럼에도 인류 역사에서 예수님만큼 많은 연구나 비판이나 편견이나 헌신의 대상이 되었던 인물은

---

1   R. C. Sproul, 『예수는 누구인가?』 (서울: 생명의말씀사, 2011), 7.

없다. 19세기 자유주의들은 자유주의자 예수님을 찾아냈다. 실존주의자들은 실존주의의 영웅 예수님을 찾아냈다. 이상주의자들은 이상주의자 예수님을 찾아냈고, 실용주의자들은 실용주의자 예수님을 찾아냈다.[2] 이렇게 하나님 같은 가정이 없어도 모든 것이 설명되고 해결될 수 있다고 믿는 것이 현대인의 일반적인 확신이다.[3]

스위스 취리히대학교(University of Zurich)의 조직신학과 실천신학 교수였던 에밀 브루너(Emil Bruner, 1889~1966)는 19세기 자유주의의 경고에 대하여 말하기를, "불신앙, 즉 믿음이 없을 뿐이다"라고 하였다.[4] 무엇보다 현대인에게 강조하고 싶은 것은 기독교는 본질적으로 내재되어 있는 예수님의 인격과 전 역사 속에서 인류를 위해 예수님이 하신 사역이다. 예수님의 인격을 이해하고 그분의 사역을 헤아리는 것은 곧 기독교의 핵심에 다가가는 것이다.[5]

그래서 존경받는 복음주의 지성인이자 미국 노트르담대학교(University of Notre Dame)에서 역사와 신학을 가르치는 마크 놀(Mark A. Noll)은 자신의 책 『그리스도와 지성』(*Jesus Christ and the life of the*

---

2 R. C. Sproul, 『예수는 누구인가?』, 9.
3 손봉호, 『나는 누구인가』, 95.
4 브루너가 말한 불신앙이란 증거가 부족해 믿지 못하는 불신앙이 아니라 주장을 뒷받침하는 증거가 부족해 믿기를 보류하는 건 올바르고 지혜로운 대응이다. 증거가 부실한데도 무턱대고 믿는다면 맹신에 지나지 않는다. 그것은 하나님을 높이는 행위가 아니다. R. C. Sproul, 『예수는 누구인가?』, 12.
5 R. C. Sproul, 『예수는 누구인가?』, 13.

Mind)에서 현대인의 지성에 대하여 "예수님을 아는 것이 인간의 학문 추구의 가장 근본적인 동기가 된다"라고 하였다.[6] 흔히 사람이 죽으면 그가 세상에 미치는 영향도 곧 시들해진다. 지금 세상은 디지털 혁신을 일으켰던 스티브 잡스(Steve Jobs, 1955~2011)를 잃었다. 혹자는 현대인들에게 말하기를, "10년 전만 해도 세상에 밥 호프 (Bob Hope, 1903~2003)[7]와 조니 캐시(Johnny R. Cash, 1932~2003)[8]와 스티브 잡스가 있었으나 이제 일자리(Jobs)도 없고 현금(Cash)도 없고 희망(Hope)도 없다"라고 하였다.[9]

그러나 예수님은 다른 많은 것들을 뒤집었듯이 현대인의 이런 통상적 궤도 또한 뒤집었다. 예수님의 영향은 생전보다 사후 100년이 지나 더 커졌고, 500년 후에는 더 커졌다. 천 년 후에는 그의 유산이 다분히 유럽의 기초를 놓았고, 2천 년 후에는 세상 전역에 그를 따르는 사람들이 더욱 많아졌다.[10]

6 Mark A. Noll, 『그리스도와 지성』, 박규태 역 (서울: IVP, 2015), 13-14.
7 밥 호프는 영국에서 태어난 미국의 희극 배우이다. 라디오, 텔레비전, 영화 등의 미디어와 브로드웨이의 보드빌에 출연하였다. 1940년대 빙 크로스비와 영화 '로드 투…(Road To…)' 시리즈로 인기를 모은 뒤 최고의 톱스타로 떠오른 그는 기네스북에 '역사상 가장 존경받는 엔터테이너'로 기록될 만큼 전설적인 스타다. 한국전쟁 당시 마릴린 먼로와 함께 전장에 나선 미군들을 위문한 그는 2차 대전과 베트남전 때도 전장의 장병을 위문하는 공연의 발길을 멈추지 않았다. 1964년 역시 위문 공연차 내한했고, 이어 1970년과 1972년에도 한국을 찾았다. 정부는 밥 호프의 업적을 치하하며 3등 보국훈장 천수장을 수여했다.
8 존 캐시는 미국계 싱어송 라이터, 기타리스트, 배우, 작가다. 전 세계에서 9,000만 장 넘게 음반을 판 역사상 가장 많은 음반을 판 아티스트 중 한 명이다.
9 John Ortberg, 『예수는 누구인가?』, 윤종석 역 (서울: 도서출판 두란노, 2014), 21.
10 John Ortberg, 『예수는 누구인가?』, 21-22.

누군가의 정신적 유산이 사후에까지 지속될 경우, 대개는 죽음의 시점에서 이미 분명해진다. 예수님의 영향은 혜성의 꼬리처럼 역사를 휩쓸며 예술, 과학, 정치, 의학, 교육 등에 감화를 끼쳤다. 예수님은 현대인에게 존엄성과 긍휼, 그리고 용서와 희망을 가르쳤다.[11] 이처럼 예수님의 삶과 사역이 참인 것은 일반적으로 현대인의 삶에도 참이 된다.[12] 따라서 역사상 현대인에게 가장 친숙한 인물로서 예수님에 대하여 살펴보고자 한다.

현대인을 위한 예수님

기독교는 구약성경의 유일신론이 유대교와 이슬람교에서처럼 신을 단일체로 여기지 않는다. 오히려 삼위일체 하나님(Trinity of God)의 유일신은 신약성경에서 아버지, 아들, 성령으로 자신을 더 완전하게 드러낸다. 예수님은 이 확장된 하나님을 위한 모든 현대인의 길이 된다.[13] 예수(Jesus)라는 이름은 히브리어로 여호수아(יהושוע, Jehoshua), 혹은 예슈아(ישוע, Jeshua)로 읽는다.[14] 그리고 그

---

11 John Ortberg, 『예수는 누구인가?』, 22.
12 Mark A. Boll, 『그리스도와 지성』, 16.
13 Allan Coppedge, "웨슬리안의 하나님 이해", 『성결교회와 신학』 제40호 (2018), 10-11.
14 호세아 1:1과 스가랴 3:1을 참고하라.

리스어로는 '예수스'(Iησους)로 읽지만 '예수'라고도 읽는다. 예수라는 이름은 '하나님은 구원이시다', 혹은 '하나님께서 구원하신다'라는 의미이다.[15] 이 의미는 마태복음 1장 21절에서 천사가 요셉에게 "아들을 낳으리니 이름을 예수라 하라"고 알려 준 이름과 동일한 것이다.

20세기 후반, 세계 지도자들 가운데 체코 공화국의 초대 대통령을 지낸 바츨라프 하벨(Vaclav Havel, 1936~2011)이 있었다. 그는 특유한 관점으로 사회주의와 자본주의를 둘 다 깊이 들여다보았다. 둘 중 어느 쪽도 그 자체로 인류의 중대한 문제들을 해결해 주리라고 생각했다. 그러나 그것은 희망적이지 않았다. 과학이 도덕 규범에 따르지 않아 유태인 대학살이라는 비극을 낳았음을 그는 알았다. 그래서 첨단기술도 정부도 시장도 그 자체로는 핵전쟁과 인종 간 폭력, 그리고 환경파괴로부터 인간을 구할 수 없다고 결론지었다. 하벨은 이렇게 말했다. "인류가 추구하는 행복한 삶은 자기 힘과 애씀으로 스스로 구원에 이를 수 없으며, 민주주의로도 부족하다. 하나님께로 돌아서서 그분을 구해야만 한다. 인류는 자신이 신이 아

---

15 Frederick William Danker, 『신약성서 그리스어 사전』, 김한원 역 (서울: 새물결플러스, 2017), 283-284.

님을 늘 망각한다."[16] 특히, 구원자가 되시는 예수님의 호칭들은 예수님이 누구신지 보여 주며, 그분이 하신 일의 의미를 알아내는 실마리가 되기도 한다. 신약성경에서 예수님에게 사용된 호칭들을 보면, 그분의 인격과 사역이 서로 연결되어 있다.[17] 따라서 성경에서 사용된 예수님의 호칭들 가운데 중요하게 생각되는 것을 살펴보고자 한다.

그리스도 & 메시아

성경 전체는 그리스도 예수를 가리켜 기록한 책이다.[18] 성경에서 그리스도의 호칭은 예수님의 이름과 연결해 사용될 때가 빈번하다. 사실상, 예수님의 이름이 되었다. '요셉의 아들 예수', '나사렛 예수'가 아니라 일반적으로 '예수 그리스도'를 그분의 온전한 이름으로 생각한다. 그러나 그리스도라는 용어는 그리스도가 내포하는 온전한 의미를 놓쳐 버릴 수 있다. 실제로 예수가 이름이고, 그리스도가 호칭(title)이다. 그리스도는 신약성경에서 가장 자주 사용되는 예수님의 호칭이다.[19]

---

16 Timothy Keller, 『팀 켈러의 예수, 예수』, 윤종석 역 (서울: 도서출판 두란노, 2017), 24-25.
17 R. C. Sproul, 『예수는 누구인가?』, 28.
18 한병수, 『기독교란 무엇인가?』, 165.
19 R. C. Sproul, 『예수는 누구인가?』, 29.

그리스도는 '크리스토스'(Χριστός)라는 그리스어 단어에서 파생되었는데, '기름 부음을 받은 자'(the anointed)라는 뜻이다. 그리스도는 '메시아'(משׁיח)[20]라는 히브리어 단어를 그리스어로 번역해 놓은 것이다.[21] 따라서 예수님을 '그리스도'라고 부르는 것은 그분을 '메시아'라고 부르는 것이다. 예수님의 이름과 호칭을 직접 옮기면 '메시아 예수'가 된다. 예수를 '메시아'라고 부르는 것은 예수님이 이스라엘이 오랫동안 기다렸던 기름 부음을 받은 자, 곧 자기 백성을 구원할 구세주라는 믿음을 고백한다는 뜻이다.[22]

전 미국 대통령 조지 부시(George W. Bush, 1946~) 정부에서 국무부 장관을 지낸 콘돌리자 라이스(Condoleezza Rice, 1954~)는 그리스도에 대하여 이렇게 말했다. "혁명적인 인물로 그리스도는 스스로 낮아져 힘없는 아기로 이 세상에 오셔서 평범한 범죄자처럼 죽으셨다. 성경의 수많은 이야기에서 보듯이 그리스도는 말씀만 하신게 아니라 친히 그렇게 사셨다. 그분은 버림받은 사람들과 함께 음식을 드셨고, 부정한 사람들을 만져 주셨고, 여자들을 불러 사역에

---

20 구약성경에서 메시아의 개념은 하나님이 메시아의 성격과 역할을 점진적으로 계시하면서 오랜 세월에 걸쳐 형성되었다. 구약성경의 예언들을 통해 메시아, 곧 하나님의 일을 성취하기 위해 하나님에게 특별히 기름 부음을 받은 자라는 개념이 서서히 형성되었다. 신약성경의 저자들은 이러한 메시아 예언들이 예수에게서 성취되었다고 하였다. 그래서 그들은 예수가 '오실' 그분이라고 말하고 있다.
21 R. C. Sproul, 『예수는 누구인가?』, 29.
22 R. C. Sproul, 『예수는 누구인가?』, 29-30.

동참하게 하셨고, 부활하신 후 '2등급 시민들'에게 자신을 나타내셨고, 율법 조항을 종교적으로 지킬 뿐 형제를 사랑하는 마음이 거의 없던 위선자들을 책망하셨다. 결국 그분은 부활의 약속을 성취하고자 십자가의 죽음까지 마다하지 않으셨고, 그리하여 인류를 구원하셨다. 그분을 따르는 현대인들은 세상의 모든 인생을 가치 있게 여길 수밖에 없다. 그리스도인 공동체는 환자와 장애인을 섬기고, 병원을 짓고, 보편적인 교육을 지향하고, 대학 교육을 보급하고, '땅을 기업으로 받을' 먼 곳의 빈민을 일으켜 세우게 마련이다. 예수 그리스도를 인정하는 삶은 쉬운 길이 아니라 힘든 소명이다. 주님의 형상대로 살려면 그 길을 가야만 한다. 원수를 사랑해야 하고 재산을 가난한 자들에게 나눠 주고 십자가를 져야 한다. 뿐만 아니라 목숨을 얻으려면 버려야 한다. 예수님은 불편한 가르침을 내놓는 복잡한 인물이다. 그분은 깨달음이 더딘 사람들에게 때로 역정을 내셨고 따르는 사람들을 종종 엄하게 대하셨지만, 곤경에 처한 사람들에게는 언제나 긍휼을 베푸셨다. 그분은 알면 알수록 더 알고 싶어지는 인물이다. 믿는 사람들, 그리고 아직 믿음에 확신이 없는 사람들에게 인류 역사상 '예수님은 누구인가'보다 더 중요한 질문은 없기 때문이다."[23]

또 다른 메시아의 개념은 이스라엘의 고난받는 종, 곧 백성의 죄를 담당할 종이라는 것이다. 이러한 메시아의 개념은 구약성경 이사야 42장에서 50장까지의 '종의 노래'에서 가장 분명하게 나온다. 그런데 그 가운데 백미는 신약성경 저자들이 예수님의 수치스러운 죽음을 이해하기 위해 인용하는 이사야 53장이다.[24] 이사야 53장 5절에서 선지자는 장차 올 신비의 구원자에 대하여 말하기를, "그가 찔림은 우리의 허물 때문이요 그가 상함은 우리의 죄악 때문이라. 그가 징계를 받으므로 우리는 평화를 누리고 그가 채찍에 맞으므로 우리는 나음을 받았도다"라고 하였다.

인간은 유한할 뿐 아니라 비진리 가운데 있는 죄인이다. 그러한 이유에서도 그와 무한히 성스러우신 신(神) 사이에는 절대적인 차이가 있을 수밖에 없다. 죄인인 인간은 가장 깊은 질적인 심연에서의 신으로부터 분리되어 있다.[25] 그러나 이러한 기독교적 가르침과 대조적으로 고대 그리스의 철학자 소크라테스(Socrates, B.C. 470~B.C. 399)는 인간은 본질적으로 진리와 그 원천인 신을 자기 자신 속에서

---

23 John Ortberg, 『예수는 누구인가?』, 16–19. 존 오토버그의 책에서 콘돌리자 라이스가 쓴 "인간 예수, 그는 누구인가?"라는 내용을 참고하라.
24 John Ortberg, 『예수는 누구인가?』, 31.
25 김종두, 『키에르케고르의 실존사상과 현대인의 자아 이해』, 239–240.

발견하고 인식할 수 있다고 보았으며 자아 인식을 통해 신(神)의 지식에 이를 수 있다고 보았다. 그리고 그는 비록 인간이 무지로 말미암아 실수를 저지를 수 있다 해도 신 앞에서 죄악을 범할 수 있다고는 보지 않았다. 즉, 소크라테스에게는 죄란 곧 무지였다. 그는 개인이 참된 것과 선한 것을 알지 못하기에 악행을 범하는 것이며, 알면서도 고의로 그렇게 하는 것이 결코 아니라고 보았다.[26]

기독교는 죄가 빗나간 양심의 선택과 의지에 의한 반항의 결과라고 가르친다. 그리고 인간이 선을 알고도 악을 행하며 참된 것을 알고도 거짓을 행한다고 가르친다.[27] 이처럼 기독교가 이교와 가장 결정적으로, 그리고 질적으로 구분하는 요소는 특히 죄의 개념, 죄에 대한 가르침이다.[28] 따라서 하나님이 이런 방법으로 현대인을 죄와 그의 죄의 결과로부터 해방될 수 있도록 하신 것은 그의 사랑 때문이다.[29]

---

26 김종두, 『키에르케고르의 실존사상과 현대인의 자아 이해』, 240.
27 김종두, 『키에르케고르의 실존사상과 현대인의 자아 이해』, 240.
28 김종두, 『키에르케고르의 실존사상과 현대인의 자아 이해』, 240.
29 손봉호, 『나는 누구인가』, 129.

다윗의 자손

신약성경의 저자들은 예수님이 유다 지파 출신이라는 사실이 우연의 일치라고 생각하지 않는다. 유다 지파, 곧 다윗의 지파에서 새로운 이스라엘 왕국을 건설할 인물이 나오리라고 예언되었다. 신약성경의 저자들은 왕이신 메시아를 기다리는 구약성경의 희망이 예수님에게서 성취되었다고 보았다.[30] 예를 들어, 시편 2편은 제사장에게 기름 부음을 받고 왕으로 대관 되고 다윗의 자손 왕에 대해 논의하는 것이 매우 분명하다. 시편 2편 2절에서 8절[31]까지는 예수님의 세례 사건에서 부분적으로 인용되고 있어 현대인에게 친숙하다(마가복음 1:11). 유대교에서는 왕이 하나님과 특별한 관계를 맺고 있고 사실상 왕은 대관식을 거행할 때 하나님의 아들로 입양되었다고 믿었다.[32] 따라서 신약성경의 저자들은 예수님을 하나님 나라를 선포하고 여는 다윗의 자손으로 보았던 것이다.[33]

---

30 John Ortberg, 『예수는 누구인가?』, 34.
31 "세상의 군왕들이 나서며 관원들이 서로 꾀하여 여호와와 그의 기름 부음 받은 자를 대적하며 우리가 그들의 맨 것을 끊고 그의 결박을 벗어 버리자 하는도다 하늘에 계신 이가 웃으심이여 주께서 그들을 비웃으시리로다 그 때에 분을 발하며 진노하사 그들을 놀라게 하여 이르시기를 내가 나의 왕을 내 거룩한 산 시온에 세웠다 하시리로다 내가 여호와의 명령을 전하노라 여호와께서 내게 이르시되 너는 내 아들이라 오늘 내가 너를 낳았도다 내게 구하라 내가 이방 나라를 네 유업으로 주리니 네 소유가 땅 끝까지 이르리로다"(시편 2:2-8).
32 William A. Dembski & Michael R. Licona 편집, 『기독교를 위한 변론』, 294-295.
33 John Ortberg, 『예수는 누구인가?』, 34.

고난받는 종

구약성경의 이사야 53장에서 선지자가 말하는 고난받는 종 (Servant)은 신약성경이 예수님을 이해하는 잣대가 된다. 신약성경은 이사야의 예언을 단지 예수님의 고난에만 국한해서 인용하지 않고 그분의 사역 전체와 연결지어 인용한다. 그러나 신약성경의 고난받는 종은 예수님의 죽음이다.[34]

이러한 예수님의 고난은 구속에 이르는 길이며, 그 고난의 중심에 예수님이 당하시는 수치가 있다. 메시아는 왕으로 오실 뿐만 아니라 백성의 허물 때문에 징계를 받는 종으로 오신다. 여기서 한 사람이 많은 사람을 대신해 죽는다. 예수님의 호칭과 사역을 해석할 때 이러한 측면을 진지하게 다루지 않는다면 신약성경 본문을 심각하게 훼손(毀損)하는 것이다.[35]

인자

신약성경에서 예수님은 인자(the Son of Man)라는 호칭으로 그의 사역과 관련해서 가장 많이 논의되는 요소 중 하나이다.[36] 성경 전

---

34 John Ortberg, 「예수는 누구인가?」, 37-38.
35 John Ortberg, 「예수는 누구인가?」, 41-42.
36 William A. Dembski & Michael R. Licona 편집, 「기독교를 위한 변론」, 287.

체에서 하나님의 아들은 전적으로 예수님의 신성을 가리키고, 인자는 전적으로 그분의 인성을 가리킨다. 인자는 대부분 예수님이 자신을 가리켜 사용하는데 신약성경에 84회 나온다. 그 가운데 81회는 사복음서에서 나온다. 인자라는 호칭은 구약성경에도 나타나는데 다니엘 7장 9절에 "옛적부터 항상 계신 이"[37]라고 묘사되었다.[38]

옛적부터 항상 계셨던 인자이신 예수님은 아버지로부터 보냄을 받았다. 그래서 예수님은 오직 신에게 사용되는 용어로 묘사되었다. 인자의 신성은 구약성경에서의 묘사뿐만 아니라 예수님의 자기 이해에서도 나타난다. 대표적으로, 예수님은 "인자는 안식일에도 주인이니라"(마가복음 2:28)라고 말씀하시면서 인자와 창조를 연결하였다. 하늘에서 내려오는 인자는 신성만 갖는 것이 아니라 성육신(Incarnation)[39]을 통해 인간의 인성도 함께 갖는다.[40]

성육신은 우주를 가르고 역사를 뒤바꾸고 삶을 변화시키고 기존의 틀을 깨뜨리는 궁극적인 역사의 사건이다. 이토록 높고 멀기만 한 진리 앞에서 현대인이 던져야 할 질문이 있다면, "하나님이 온전한 인간이 되셨기에 인간이 실제로 살아가는 방식은 어떻게

---

37 다니엘 7:13과 7:22 참고하라.
38 John Ortberg, 「예수는 누구인가?」, 43-45.
39 성육신은 하나님의 아들 예수가 인간을 구원하기 위하여 인간의 몸으로 세상에 태어났다는 의미이다.
40 John Ortberg, 「예수는 누구인가?」, 46-49.

달라지는가?"라는 것이다.[41] 인자는 예수님이 자신과 자신의 권세를 주목시키기 위해 사용했던 호칭이다. 이 호칭은 예수님을 신적인 활동에 관여하는 인류를 위한 현대인의 대표자로 언급하는 것이다.[42]

주

그리스도 다음으로 자주 사용되는 예수님의 호칭은 주(主, Lord)[43]이다. 이 호칭은 성경에서 말하는 예수님을 이해하는 데 더없이 중요하다. 그래서 최초의 신앙고백에서 "예수는 주"(Jesus is Lord)라는 간단한 고백의 핵심이 된다. 주는 예수님에게 부여된 가장 고귀한 호칭이다.[44]

그리스어 단어 '퀴리오스'(χυριος)는 신약성경에 나오는 '주'(Lord)라는 단어의 동의어이다. '퀴리오스'는 고대세계에서 가장 일반적인 의미로 '소유를 통해 다스리는 사람', '권력이나 높은 지위로 존중받

---

41 Timothy Keller, 『팀 켈러의 예수, 예수』, 81.
42 William A. Dembski & Michael R. Licona 편집, 『기독교를 위한 변론』, 290.
43 주라는 호칭은 구약성경과 관계가 있다. 히브리어로 기록된 구약성경을 그리스어로 번역하면서 하나님에게 사용되는 '아도나이'라는 히브리어 단어를 '퀴리오스'라고 옮겼다. 유대인들은 예배 의식 때 하나님의 거룩한 이름 여호와를 발음하지 않고 다른 단어로 대신했다. 감히 입에 담지 못할 하나님의 이름을 대신할 단어로 대개 '아도나이'를 선택했다. 그런데 '아도나이'는 세상에 대한 하나님의 절대적 통치를 강조하는 호칭이었다.
44 John Ortberg, 『예수는 누구인가?』, 49-50.

는 사람'에게 예의를 갖춰 상대를 부르는 존칭(sir)이다.[45] 바울은 빈번하게 "예수 그리스도의 종 바울"(Paul, a servant of Christ Jesus)이라는 말로 편지를 시작하였다. 이때, 바울이 사용한 '종'의 단어는 '둘로스'(δουλος)였다. 주인(κυριος)이 없으면 종(δουλος)도 없었다. 바울은 그리스도인을 예수님의 소유로 본 것이다.[46] 그리스도인이라는 호칭은 제자들, 즉 사도들의 가르침을 받아들인 사람들을 가리키는 말이다.[47]

바울이 선교 활동을 펼치던 중에 세계 최초로 만든 교회가 안디옥에 있었다. 그곳 안디옥의 신자들은 처음으로 그리스도인(Christian)이라고 불렸다(사도행전 11:26).[48] 예수님은 자기 백성인 그리스도인의 주인이다. 그러나 예수님은 세상의 노예와 주인 관계에서 예상되는 폭군이나 전제 구주가 아니다.[49] 따라서 현대인은 예수님의 종이 될 때 진정한 자유를 누릴 수 있는 것이다.

---

45 Frederick William Danker, 『신약성서 그리스어 사전』, 337.
46 John Ortberg, 『예수는 누구인가?』, 51.
47 C. S. Lewis, 『순전한 기독교』, 장경철 · 이종태 역 (서울: 홍성사, 2007), 19.
48 전국역사교사모임, 『처음 읽는 터키사』 (서울: 휴머니스트, 2018), 43.
    "만나매 안디옥에 데리고 와서 둘이 교회에 일 년간 모여 있어 큰 무리를 가르쳤고 제자들이 안디옥에서 비로소 그리스도인이라 일컬음을 받게 되었더라"(사도행전 11:26).
49 John Ortberg, 『예수는 누구인가?』, 51.

하나님의 아들

하나님이 예수님에게 부여한 호칭은 하나님의 아들(Son of God)
이었다.[50] 이 호칭은 종종 현대 기독교의 토론에서는 신성을 함축한
다. 고대 유대인들은 하나님의 아들에 관해 생각했을 때 일상적으
로 하나님께로부터 기름 부음을 받은 왕을 생각했다.[51] 마가복음 9
장 7절에서 하나님은 예수님에 대하여 말하기를, "이는 내 사랑하
는 아들이니 너희는 그의 말을 들으라"라고 하였다. 그런데 이단 종
교들 가운데 몰몬교[52]와 여호와의 증인의 경우, 예수님은 다른 피조
물보다 고귀한 존재라고 인정하지만 그분의 완전한 신성은 부정한
다.[53] 하지만 요한복음 3장 16절[54]에서 예수님은 아버지의 '모노게네
스'(μονογενης), 즉 '독생자'라고 불린다. 이 말은 오직 예수님만 아버
지에게서 나셨다는 뜻이다. 그래서 교회는 바로 이런 뜻으로 예수
님이 영원 전에 나셨다고 말한다. 이러한 예수님의 특별하심은 그
분이 영원한 존재라는 사실뿐만 아니라 그분의 아들 됨을 말할 때
면 그분과 아버지 사이의 친밀감을 나타내는 묘사가 동반되는 것

---

50 John Ortberg, 『예수는 누구인가?』, 57.
51 William A. Dembski & Michael R. Licona 편집, 『기독교를 위한 변론』, 294.
52 예수그리스도후기성도교회를 흔히 '몰몬교'라고도 한다.
53 John Ortberg, 『예수는 누구인가?』, 57-58.
54 "하나님이 세상을 이처럼 사랑하사 독생자를 주셨으니"(요한복음 3:16).

이다.[55]

캐나다 리전트대학(Regent College)의 조직신학 교수였던 제임스 패커(James I. Packer)는 『하나님을 아는 지식』(Knowing God)이라는 책에서 하나님의 아들에 대하여 말하기를, "하나님이 인간이 되셨고 신의 아들이 유대인이 되셨다. 전능자가 무력한 인간 아기로 지상에 나타나셨다. 다른 모든 아이처럼 누가 먹여 주고 기저귀를 갈아 주고 말을 가르쳐야 했다. 하나님의 아들이 실제로 유아가 되셨다. 생각할수록 머리가 아찔해진다. 그 어떤 픽션에도 이 성육신의 진리만큼 기상천외한 요소는 없다"라고 하였다.[56]

예수님은 하나님 아버지와 특별하게 밀접한 관계를 맺고 있다. 우선, 예수님이 하나님께 '아바'(αββα)라고 기도했다는 것은 현대인에게 많은 것을 말해 준다. '아바'라는 단어는 애정을 담은 사랑하는 아버지를 의미하는 아람어이다(마가복음 14:36).[57] 예수님이 자신을 단순히 왕이나 예언자적 인물로 생각했다면, 그는 솔직히 자신이 하나님을 '아바'라고 부르며 기도한 것을 설명할 수 없을 것이다. 왜냐하면 그 어떤 유대인도 심지어 예수 시대 이전의 그 어떤 왕도

---

55 John Ortberg, 『예수는 누구인가?』, 58-59.
56 Timothy Keller, 『팀 켈러의 예수, 예수』, 76.
57 William A. Dembski & Michael R. Licona 편집, 『기독교를 위한 변론』, 295.

"나의 사랑하는 아버지"라는 말로 하나님께 기도하지 않았기 때문이다. 이 말은 충격적인 친밀함처럼 들렸을 것이다. 구약성경에서는 하나님이 매우 드물게 아버지라고 불렸다. 하지만 그들은 절대로 '아바'로서의 하나님에게 기도하지 않았다. 이것은 새로운 것이며, 예수님은 하나님과 자신의 관계를 어떻게 보았는가에 대한 특별한 점을 시사해 준다. 예수님이 제자들에게 '아바'로서의 하나님께 기도하라고 가르쳤다는 사실이다.[58]

그래서 연대기적으로 매우 초기의 신약성경으로 인정되는 바울의 여러 서신에서, 바울은 그리스도인들에게 '아바'로서의 하나님께 기도하라고 말한다. 참으로 삼위일체 하나님은 현대인들이 하나님 아버지께 기도하기를 원하신다. 예수님과 하나님과의 관계보다는 약하지만 현대인들은 예수님과의 관계를 통해 하나님의 아들과 딸이 되었기 때문이다(갈라디아서 4:6, 로마서 8:15).[59]

그리고 예수님이 아람어로 자신의 제자들에게 가르쳤던 주기도문의 첫 단어는 바로 '아바'였다(누가복음 11:2). 아울러 바울 같은 사람들이 그리스와 로마 세계 당시 현대인들에게 예수님을 전하기 위해서 이 호칭을 사용했을 때, 이 호칭의 중요성을 알고 전달했음이

---

58 William A. Dembski & Michael R. Licona 편집, 『기독교를 위한 변론』, 295.
59 William A. Dembski & Michael R. Licona 편집, 『기독교를 위한 변론』, 296.

틀림없다. 이러한 것은 예수님 자신이 하나님의 아들이라는 호칭을 사용했다는 점을 이해하는 것이 중요하다.[60]

로고스

그리스어로 로고스(λογος)는 신약성경에서 예수님에게 드물게 사용되는 호칭이다. 이 호칭은 요한복음 1장 1절[61]에서 시작부터 두드러지게 나타난다. 예수님에 관한 로고스를 알렉산드리아와 안디옥, 동방과 서방의 위대한 지성인들은 이 호칭의 의미를 연구하는 데 몰두하였다.[62] 고대 그리스의 철학자 헤라클레이토스(Herakleitos, B.C 535~475)의 사상 가운데 가장 중요한 개념은 로고스(logos)였다. 로고스라는 호칭은 그 자체가 다른 어느 호칭보다 깊은 철학적, 신학적 사색을 불러일으킨다. 그 이유는 다름 아닌 로고스의 단어가 이미 헬라철학을 배경으로 한 의미가 가득한 용어였기 때문이다.[63]

일반적으로, 로고스는 고상한 의미를 지닌다. 논리(logic)라는 단어가 로고스에서 유래했으며, 흔히 학과목이나 학문 분야를 가리킬 때 단어 뒤에 붙은 '학'(學)에 '-logy'라는 접미사도 로고스에서 유래

---

60 William A. Dembski & Michael R. Licona 편집, 「기독교를 위한 변론」, 297.
61 "태초에 말씀이 계시니라 이 말씀이 하나님과 함께 계셨으니 이 말씀은 곧 하나님이시니라"(요한복음 1:1).
62 John Ortberg, 「예수는 누구인가?」, 59-60.
63 John Ortberg, 「예수는 누구인가?」, 60.

했다. 예를 들면, 신학(theology)은 'theoslogos', 즉 하나님에 관한 말이나 개념이라는 뜻이다. 생물학(biology)은 'bioslogos', 즉 생명에 관한 말이나 개념이라는 뜻이다.[64]

따라서 신약성경이 기록되기 이전에 나타난 많은 철학 이론에서 로고스라는 그리스어 단어는 중요한 개념이었다.[65] 로고스는 그리스와 로마 문명 전체를 관통하는 가장 중요한 개념으로서 그들의 언어, 이성, 철학적 사상, 신의 말씀, 그 모든 것을 뜻한다. 사실상 오늘의 유럽적 가치와 유럽적 동질성을 이루는 기본 정신이 로고스이다.[66]

복음서가 기록될 무렵, 로고스의 개념은 많은 의미를 내포하는 하나의 철학적 범주였다. 요한복음의 저자는 예수님을 비인격적 개념이 아니라 영원한 로고스의 성육신으로 보고 또 그렇게 말함으로써 그 시대 철학자들의 놀이터에 신학적 폭탄을 투하했다.[67] 요한은 로고스라는 용어를 헬라인들과 같은 방식으로 사용하지는 않았다. 이 용어에는 유대-기독교적 의미를 부여했다. 요한에게 로고스는 지극히 인격적이며, 헬라 사변철학의 로고스와는 전혀 달랐다. 요

---

64 John Ortberg, 『예수는 누구인가?』, 60-61.
65 John Ortberg, 『예수는 누구인가?』, 63-64.
66 배철현 외 7인, 『낮은 인문학』 (서울: 21세기북스, 2016), 227.
67 John Ortberg, 『예수는 누구인가?』, 64.

한에게 로고스는 하나의 원리가 아니라 하나의 인격체였다.[68]

요한은 로고스가 하나님이 함께 계실 뿐만 아니라 로고스가 바로 하나님이라고 했다(요한복음 1:2). 로고스는 이러한 친밀함을 영원 전부터 아버지와 얼굴을 마주하는 친밀함을 누린다. 아버지와 아들은 존재뿐만 아니라 관계에도 하나이다. 로고스는 육신이 되신, 살과 피로 인간과 함께 거하러 오신 하나님의 마음(mind)이다.[69] 이처럼 하나님은 자기 존재에서 비롯되는 이러한 일치성의 원리를 로고스, 즉 말씀으로 표현하셨던 것이다.

구주

이 외에도 주목할 만한 예수님의 호칭들은 랍비, 아담, 중보자이다. 그러나 구주(救主, Savior)야 말로 예수님의 사역을 더할 나위 없이 잘 표현하는 호칭이다. 2,000년 전 초대 교회 기독교인들이 자신의 신분을

I	Ιησους	=	Jesus
χ	Χριστός	=	Christ
θ	θεός	=	God
ύ	υἱός	=	Son
ς	σωτήρ	=	Savior

---

68 John Ortberg, 『예수는 누구인가?』, 64.
69 John Ortberg, 『예수는 누구인가?』, 68.

표시하는 암호로 물고기 문양을 사용했다는 사실이 이를 증명한다. 물고기를 뜻하는 그리스어 단어 '익두스'(ΙΧΘΥΣ)의 철자를 풀어쓰면 "예수 그리스도, 하나님의 아들, 구주"라는 말이다.

예수님은 그분이 태어나기도 전에 하나님이 친히 지어 주신 이름이었다. 예수는 "주께서 구원하신다", 혹은 "주께서 구원하시는데 사용하실 자"라는 뜻이다. 따라서 예수라는 이름 자체가 구주라는 개념을 내포하는 것이다. 이처럼 예수님의 호칭들을 통해서 알 수 있는 것은 로고스와 메시아, 그리고 인자는 모두 사람의 구주가 되실 그분의 자격을 암시한다. 오직 그분만이 죄를 속하고, 사망을 이기며, 인간을 하나님과 화해시킬 자격이 있다는 것이다.[70]

결론적으로 현대인에게 예수님이 필요한가에 대하여 살펴보았다. 영국 세인트앤드루스대학교(University of Saint Andrews)에서 윤리학과 신약학 교수인 벤 위더링턴 3세(Ben Witherington Ⅲ)는 예수님에 대하여 말하기를, "하나님과의 관계에서 아들이고, 인류와의 관계에서 아들이며, 하나님의 기름 부음 받은 자(메시아와 그리스도)이고, 다스리는 사람들과의 관계에서 주님이며, 다윗과의 관계에서 아들이다"라고 하였다.[71] 이와 같이, 예수님의 많은 호칭들은 현대인

70 John Ortberg, 『예수는 누구인가?』, 69~70.
71 William A. Dembski & Michael R. Licona 편집, 『기독교를 위한 변론』, 293.

들에게 그분이 누구인지 말해 준다. 이러한 호칭들을 통해 그분이 행하신 일을 이해하도록 돕는 사전(辭典)과도 같은 것이다. 예수님의 인격과 사역은 현대인들을 향한 하나님의 구원 계획이다.[72]

예수님은 자신의 가르침과 행위를 통하여 그 길을 제시하였고, 그것은 과거 어느 때보다 인간의 교만이 초래한 일류 전체의 파멸을 눈앞에 둔 현대인들에게 더 필요하다. 또한 그것은 인간성을 회복하는 길이요, 인간의 존엄성과 삶의 의미를 확인하는 길이다. 잃음으로 얻는 것이 십자가와 부활의 가르침이요, 예수님이 제시하신 지혜이다.[73] 그러므로 그분만이 더없이 깊은 현대인의 딜레마를 해결할 수 있을 것이다.

---

72 John Ortberg, 『예수는 누구인가?』, 71.
73 손봉호, 『나는 누구인가』, 137.

chapter
04

인문학으로 톺아보기 :

성령은
왜 필요한가?

성결대학교 역사신학 교수 배본철은 현대인에게 성령에 대하여 말하기를, "성령(Holy Spirit)에 대한 주제는 그리 쉽게 다룰 수 있는 문제가 아니다"라고 하였다.[1] 알고 보면 성령은 교회에서 가장 잘못 이해되고 있는 인격체이다. 그리고 성령에게 붙여진 호칭이나 상투적인 문구는 수없이 많지만 성령의 실체를 제대로 아는 현대인은 별로 없다. 따라서 성령에 대한 연구는 현대인에게 하나님의 말씀인 성경의 여정을 통해 성령의 인격을 바르게 소개하는 데 있다.[2] 성령은 어떤 특정 교단이나 운동의 전유

1   배본철, 『성령, 그 위대한 힘』(서울: 넥서스 CROSS, 2014), 6.
2   John Bevere, 『존 비비어의 성령님』, 윤종석 역 (서울: 도서출판 두란노, 2014), 4-5.

물(專有物)이 아니다. 성령은 특정한 세대나 시대에 국한될 수 없다. 성령이 보냄을 받은 것은 예수에 대해 알려 주고, 그리스도의 몸 전체에 능력을 주기 위해서이다. 다시 말해 성령은 현대인의 마음을 집으로 삼았으며, 현대인의 삶으로 선을 이루실 것을 약속했다. 현대인은 그냥 성령에게 통제권을 내어 맡기면 된다.[3]

성령보다 더 좋은 친구이자 동반자는 세상에 없다. 삶의 모든 고생과 기쁨 가운데 성령은 신실하게 현대인과 함께한다. 성령은 결코 현대인을 버리거나 떠나지 않는다. 그만큼 현대인을 사랑하시고 기뻐하기 때문이다.[4] 따라서 현대인에게 한없이 놀랍기도 한 성령에 대하여 살펴보고자 한다.

현대인을 위한 성령

구약성경에 약 100번 정도 성령에 대한 인용이 나온다. 창세기 1장 2절에서부터 "하나님의 영은 수면 위에 운행하시니라"(the Spirit of God was moving over the water)라고 하였다. 하나님의 영으로 불리는 성령은 천지를 창조할 때 역사하신 것으로 나타난

---

3 John Bevere, 『존 비비어의 성령님』, 5
4 John Bevere, 『존 비비어의 성령님』, 5

다.[5] 성령은 우주의 창조나 죽은 생명을 새 생명으로 거듭나게 하는 일을 하신다. 그래서 처음 사람을 만드실 때도 흙으로 빚어진 아담의 코에 생기(生氣)를 불어넣어 생명 있는 존재가 되게 하셨다(창세기 2:7).[6] 여기서 생기란 성령으로서 히브리어로 '루아흐'(רוח)인데, '바람' 혹은 '숨', '영'을 가리킨다. 이러한 표현들은 이 자연력이 하나님 자신에 의해 일어나고 보내졌다고 믿기에 가능한 것이다.[7] '루아흐'는 그리스어로 번역할 때 '프뉴마'(πνευμα)라는 단어로 사용되었다. '프뉴마'는 '바람', '숨', '호흡', '영', '영혼', '성령'이라는 뜻이다. 이처럼 '프뉴마'는 신체적인 움직임에 생기를 주는 힘으로서 성령이다.[8] 따라서 성경에서 사용된 성령의 호칭들 가운데 중요하게 생각되는 것을 살펴보고자 한다.

---

5   성기호, 『이야기 신학』, 214.
6   성기호, 『이야기 신학』, 214.
7   허호익의 한국신학마당, "구약의 성령 / 김희성 교수", http://theologia.kr/board_system/46252. 창세기 8:1; 출애굽기 10:13; 민수기 11:31; 아모스 4:13; 요나 1:4; 에스겔 37:8을 참고하라. 고 대 이스라엘 사람들은 분명히 하나님은 바람을 창조하셨을(아모스 4:13) 뿐만 아니라, 바람을 그 의 도구로 사용하신다(시편 104:4, 148:8)고 믿는다. 하나님은 노아의 홍수 때 강한 바람을 일으 켜 물을 감하게 하고 땅을 건조하게 하여 그곳에서 사람이 다시 살도록 하셨다(창세기 8:1). 하 나님은 출애굽 사건 때 큰 동풍으로 밤새도록 바닷물을 물러가게 하셨다. 그래서 물이 갈라져 바다가 마른땅이 되었고, 이스라엘 백성들이 홍해를 마른땅처럼 건넜다(출애굽기 14:21). 이처 럼 하나님은 곤경에 처한 이스라엘 백성들을 돕기 위하여 동풍을 도구로 사용하셨다. 또한 추 격하는 바로의 군대를 홍해에 수장하여 이스라엘 백성을 구원할 때에도 하나님은 바람을 사용 하셨다(출애굽기 15:10). 하나님은 '루아흐'를 통하여 심판하기도 하고 구원하기도 한다.
8   Frederick William Danker, 『신약성서 그리스어 사전』, 456.

하나님의 영

성령은 '하나님의 영'(The Spirit of God)이라는 호칭이다. 하나님의 영 외에는 하나님의 사정을 아무도 알지 못한다(고린도전서 2:11).[9] 성령은 삼위일체 하나님 가운데 한 분으로 하나님의 한 부분이 아니다. 즉, 하나님 자신이다. 삼위일체란 하나님에게는 삼위, 즉 성부, 성자, 성령인데, 그 삼위가 세 하나님이 아니고 한 하나님이시라는 교리이다.[10]

남아프리카의 가장 사랑받았던 설교자요, 250여 종의 책을 쓴 세계적 명성을 지닌 저술가 앤드류 머레이(Andrew Murray, 1828~1917)는 성령에 대하여 말하기를, "성부와 성자와 하나이시다"라고 하였다.[11] 특히 하나님의 창조라는 드라마에는 구별된 세 개의 배역을 맡으실 구별된 세 분의 배우가 필요했다. 하나님은 자신을 성부, 성자, 성령이라고 호칭하셨다.[12]

좀 더 쉽게 말하면, 하나님은 설계사, 예수님은 감독, 성령은 집을 짓는 인부들에 해당한다. 성령은 창조 세계를 나타내는 분이다.

---

9 "사람의 일을 사람의 속에 있는 영 외에 누가 알리요 이와 같이 하나님의 일도 하나님의 영 외에는 아무도 알지 못하느니라"(고린도전서 2:11).
10 김동호, 「크리스천 베이직」 (서울: 규장, 2000), 143.
11 Andrew Murray, "The Holy Spirit in The Family", *Herald of His Coming*, February 2013, 9.
12 John Bevere, 「존 비비어의 성령님」, 23.

집을 지으려면 이 세 역할이 반드시 필요하다.[13] 그러므로 성령은 하나님께 속한 영이 아니라 하나님 그 자신이시다. 예수님이 부활하시고 승천한 다음 성령 하나님이 인간에게 오셨는데, 예수님이 인간의 육체를 입고 인간과 함께 계셨던 하나님이시라면 성령은 영으로 세상 끝 날까지 인간과 함께 계시는 하나님이시라는 것이다.[14]

그리스도의 영

성령은 '그리스도의 영'(The Spirit of Christ)이라고도 한다(로마서 8:9; 베드로전서 1:11).[15] 그리스도의 영, 성령을 받은 자가 그리스도인이다. 성령을 받지 않았다면 그리스도인이 아니다. 왜냐하면 그리스도인이 성령을 받고서도 이를 알지 못할 수 없기 때문이다(요한복음 14:17, 20).[16] 인간은 하나님의 아들, 그리스도를 믿는 일과 아

---

13 John Bevere, 『존 비비어의 성령님』, 32.
14 김동호, 『크리스천 베이직』, 143-144.
15 "만일 너희 속에 하나님의 영이 거하시면 너희가 육신에 있지 아니하고 영에 있나니 누구든지 그리스도의 영이 없으면 그리스도의 사람이 아니라"(로마서 8:9).
　"자기 속에 계신 그리스도의 영이 그 받으실 고난과 후에 받으실 영광을 미리 증언하여 누구를 또는 어떠한 때를 지시하시는지 상고하니라"(베드로전서 1:11).
16 John Wesley, 『존 웨슬리의 파워풀 성령』, 김광석 역 (서울: 요단출판사, 2011), 17.
　"그는 진리의 영이라 세상은 능히 그를 받지 못하나니 이는 그를 보지도 못하고 알지도 못함이라 그러나 너희는 그를 아나니 그는 너희와 함께 거하심이요 또 너희 속에 계시겠음이라"(요한복음 14:17).
　"그 날에는 내가 아버지 안에, 너희가 내 안에, 내가 너희 안에 있는 것을 너희가 알리라"(요한복음 14:20).

는 일을 통해 점차 그리스도의 모습으로 닮아가게 된다. 그런데 주님을 더욱 깊이 믿고 알게 되는 일은 바로 성령과의 인격적인 교제를 통해서만 구체화된다. 성령과 친근히 교제하면 할수록 인간은 성령을 통해 그리스도와 하나가 되는 인식을 가지게 된다(요한복음 14:20).[17]

보혜사

사회가 불안할수록 범죄가 늘어나다 못해 그 양상 또한 사뭇 달라진다. 이러한 현상은 그만큼 경제나 사회가 불안하다는 것을 반영하고 있다. 이럴 때일수록 인간들은 자신을 위로해 주고 마음의 평안을 가져다줄 대상을 찾는다. 그래서 성경에는 인간들 옆에서 변호도 해 주고 위로를 해 주는 존재를 그리스어로 '파라클레토스'(παρακλητος)[18]라고 부른다.[19] NIV(New International Version) 영어 성경에는 '상담자'(counselor)라고 번역되어 있다.[20]

---

17 배본철, 『성령, 그 위대한 힘』, 287.

18 신약성경에서 단지 요한 문헌에만 5번(요한복음 14:16, 15:26, 15:26, 16:7; 요한일서 2:1 참고) 등장하는 이 독특한 용어는 '누군가를 부르다', '위로하다', '격려하다'라는 동사 '파라칼레오'(παρακαλεω)에서 나온 명사로서 '권면', '위로'라는 뜻의 명사 '파라클레시스'(παρακλησις)인데 신약성경에 29번 등장하며 어원을 같이 한다. 영어성경은 그리스어 '파라클레토스'를 'comforter'(위로자), 'helper'(돕는 자), 'advocate'(대변자)로 번역하였고, 개역성경은 '보혜사'로 공동번역은 '협조자'로 옮겼다.

19 한국성결신문, "헬라어 원어로 푸는 세상이야기〈16〉", http://www.kehcnews.co.kr/news/articleView.html?idxno=11055.

20 배본철, 『성령, 그 위대한 힘』, 278.

이처럼 '파라클레토스'는 인간의 옆에서 위로하시는 성령을 가리킨다. 우리말 성경에서 예수님은 성령을 '보혜사'(保惠師)[21]라고 부르셨다(요한복음 14:26).[22] 보혜사란 '은혜로 보호하시는 스승'이라는 뜻이다.[23] 그러므로 인간은 보혜사라고 부르는 성령에게 지도나 격려를 제공하도록 도움을 요청할 수 있다.[24] 이 모든 성경에서의 일치는 성령은 곧 인격의 속성으로 인간과 교제하기를 원하신다. 사실상, 예수 그리스도가 인간 안에 오시고 또 인간 안에 동거하실 수 있는 것은 그분의 육체가 아니라 오직 영으로서만 가능하다. 신비롭게도 이러한 성령의 초월적인 능력은 시간과 공간을 초월하여 예수 그리스도와 인간들 사이에 다리를 놓는 힘으로 작용한다.[25]

그래서 오직 '믿음'이라는 도구가 있어야만 예수님이 성령을 통해 인간 안에 오시며, 살아 있는 인격자로서 인간 안에 거하시게 된다. 이 위대한 접촉이 발생하게 되는 시점은, 인간이 예수님을 구주와 주님으로 고백하게 될 때다. 이러한 고백은 인간들 스스로의 추론이나 판단의 결과가 아니라 성령이 부여하는 초자연적인 선물인

---

21 보혜사는 상담자 외에 힘과 도움을 주시는 분, 중보자, 대언자, 지원자라고도 부른다.
22 "보혜사 곧 아버지께서 내 이름으로 보내실 성령 그가 너희에게 모든 것을 가르치고 내가 너희에게 말한 모든 것을 생각나게 하리라"(요한복음 14:26).
23 성기호, 『이야기 신학』, 215.
24 Frederick William Danker, 『신약성서 그리스어 사전』, 425.
25 배본철, 『성령, 그 위대한 힘』, 278.

믿음의 결과이다. 이때부터 성령은 예수 그리스도와 인간이 연합된 십자가와 부활의 능력을 인간의 삶 속에 드러낸다.[26] 이처럼 보혜사, 즉 성령 하나님은 인격적인 분이시다.

성령은 인격적으로 인간 안에 내주하심으로 인간과 교제하기를 원하신다(요한계시록 3:20).[27] 성령은 지성과 감성, 그리고 의지를 지녔기 때문에 인간의 영혼과 지성의 기능을 통해 교제하기를 원하신다. 인간은 성령과의 친숙한 교제를 통해 하나님과 동행(同行)하는 삶을 살 수 있는 것이다.[28]

진리의 영

성령은 '진리의 영'(The Spirit of Truth)이라고 부르기도 한다(요한복음 14:16-17).[29] 요한복음은 특별히 보혜사 성령을 진리의 영으로 이해했다. 성령은 그리스도 안에 계시된 진리 안에서, 진리와 함께 진리를 통해서 역사한다.[30] 성령은 그분을 인정하는 인간에게 특히 진

---

26 배본철, 『성령, 그 위대한 힘』, 279-280.
27 "볼지어다 내가 문 밖에 서서 두드리노니 누구든지 내 음성을 듣고 문을 열면 내가 그에게로 들어가 그와 더불어 먹고 그는 나와 더불어 먹으리라"(요한계시록 3:20).
28 배본철, 『성령, 그 위대한 힘』, 280.
29 "내가 아버지께 구하겠으니 그가 또 다른 보혜사를 너희에게 주사 영원토록 너희와 함께 있게 하리니 그는 진리의 영이라 세상은 능히 그를 받지 못하나니 이는 그를 보지도 못하고 알지도 못함이라 그러나 너희는 그를 아나니 그는 너희와 함께 거하심이요 또 너희 속에 계시겠음이라"(요한복음 14:16-17).
30 김근주 외 2인, 『성경을 보는 눈』 (서울: 한국성서유니온선교회, 2017), 105.

리의 길을 가르쳐 준다(요한복음 16:13).[31] 이러한 성령의 내적인 인도는 언제나 인간의 깊은 양심(良心)을 통해서 깨달아진다. 그래서 바울은 자기가 범사에 하나님을 섬겼고(사도행전 23:1),[32] 사람에 대하여 양심을 지켰다고 하였다(사도행전 24:16).[33]

인간이 언제나 양심을 청결히 지켜야 하는 이유는 바로 이 양심의 거울을 통하여 성령의 인도를 받을 수 있기 때문이다. 그러므로 양심의 기능을 활용하는 일은 인간의 생활에 있어서 매우 중요한 것이다.[34] 그래서 17세기 청교도들은 실제로 양심에 대하여 매우 깊은 관심을 가졌다. 그 이유는 양심이란 곧 하나님이 인간들에게 자신의 말씀을 전하는 지적기관이라고 생각했기 때문이다. 그들은 양심의 조명과 교훈, 그리고 정화를 통해 영혼을 깨끗하게 유지하는 일이 중요하다고 보았다.[35] 성령은 독자적으로 일하기보다 예수 그리스도에게 온전히 매여 있는 것처럼 그리스도 중심적으로 일하신다.[36]

---

31 "그러나 진리의 성령이 오시면 그가 너희를 모든 진리 가운데로 인도하시리니 그가 스스로 말하지 않고 오직 들은 것을 말하며 장래 일을 너희에게 알리시리라"(요한복음 16:13).
32 "바울이 공회를 주목하여 이르되 여러분 형제들아 오늘까지 나는 범사에 양심을 따라 하나님을 섬겼노라 하거늘"(사도행전 23:1).
33 "이것으로 말미암아 나도 하나님과 사람에 대하여 항상 양심에 거리낌이 없기를 힘쓰나이다"(사도행전 24:16).
34 배본철, 『성령, 그 위대한 힘』, 285-286.
35 배본철, 『성령, 그 위대한 힘』, 286.
36 김근주 외 2인, 『성경을 보는 눈』, 106.

그 외에도 성령은 '여호와의 영'(이사야 11:2),[37] '주 여호와의 영'
(이사야 61:1),[38] '그 아들의 영'(갈라디아서 4:6),[39] '영광의 영'(베드로전
서 4:14),[40] '주의 영'(28번), '영원하신 성령'(히브리서 9:14),[41] '예수 그리
스도의 성령'(빌립보서 1:19),[42] '지혜의 영, 총명의 영, 모략의 영, 재
능의 영, 지식의 영, 여호와를 경외하는 영'(이사야 11:2),[43] '너희 아
버지의 성령'(마태복음 10:20),[44] '은혜의 성령'(히브리서 10:29),[45] '심판
의 영, 소멸의 영'(이사야 4:4),[46] '생명의 성령'(로마서 8:2),[47] '능력의

---

37 "그의 위에 여호와의 영 곧 지혜와 총명의 영이요 모략과 재능의 영이요 지식과 여호와를 경외
   하는 영이 강림하시리니"(이사야 11:2).
38 "주 여호와의 영이 내게 내리셨으니 이는 여호와께서 내게 기름을 부으사 가난한 자에게 아름
   다운 소식을 전하게 하려 하심이라 나를 보내사 마음이 상한 자를 고치며 포로된 자에게 자유
   를, 갇힌 자에게 놓임을 선포하며"(이사야 61:1).
39 "너희가 아들이므로 하나님이 그 아들의 영을 우리 마음 가운데 보내사 아빠 아버지라 부르게
   하셨느니라"(갈라디아서 4:6).
40 성기호, 『이야기 신학』, 215.
   "너희가 그리스도의 이름으로 치욕을 당하면 복 있는 자로다 영광의 영 곧 하나님의 영이 너희
   위에 계심이라"(베드로전서 4:14).
41 "하물며 영원하신 성령으로 말미암아 흠 없는 자기를 하나님께 드린 그리스도의 피가 어찌 너
   희 양심을 죽은 행실에서 깨끗하게 하고 살아 계신 하나님을 섬기게 하지 못하겠느냐"(히브리서
   9:14).
42 "이것이 너희의 간구와 예수 그리스도의 성령의 도우심으로 나를 구원에 이르게 할 줄 아는 고
   로"(빌립보서 1:19).
43 "그의 위에 여호와의 영 곧 지혜와 총명의 영이요 모략과 재능의 영이요 지식과 여호와를 경외
   하는 영이 강림하시리니"(이사야 11:2).
44 "말하는 이는 너희가 아니라 너희 속에서 말씀하시는 이 곧 너희 아버지의 성령이 시니라"(마태
   복음 10:20).
45 "하물며 하나님의 아들을 짓밟고 자기를 거룩하게 한 언약의 피를 부정한 것으로 여기고 은혜
   의 성령을 욕되게 하는 자가 당연히 받을 형벌은 얼마나 더 무겁겠느냐 너희는 생각하라"(히브
   리서 10:29).
46 "이는 주께서 심판하는 영과 소멸하는 영으로 시온의 딸들의 더러움을 씻기시며 예루살렘의 피
   를 그 중에서 청결하게 하실 때가 됨이라"(이사야 4:4).
47 "이는 그리스도 예수 안에 있는 생명의 성령의 법이 죄와 사망의 법에서 너를 해방하였음이
   라"(로마서 8:2).

영, 사랑의 영, 절제하는 영'(디모데후서 1:7),[48] '예언의 영'(요한계시록 19:10),[49] '성결의 영'(로마서 1:4),[50] '거룩한 신들의 영'(다니엘서에서 4번[51]이라고 불린다.[52] 이러한 성령이 하나님이시라는 사실을 인간들에게 분명히 보였으면 좋겠다. 성령은 인간들의 영혼육(靈魂肉)이 강건하게 해 주기를 원하신다.[53]

과거 대중음악가 신중현이 1974년에 작곡한 〈미인〉이라는 노래가 널리 알려져 있다. 그 노래의 가사는 이렇다. "한 번 보고 두 번 보고 자꾸만 보고 싶네." 인간의 육안이 아름다운 대상을 자꾸 보게 되는 것처럼 인간의 마음의 눈도 아름다운 영적 대상에게 끌리게 되는 것이다.[54]

---

48 "하나님이 우리에게 주신 것은 두려워하는 마음이 아니요 오직 능력과 사랑과 절제하는 마음이니"(디모데후서 1:7).

49 "내가 그 발 앞에 엎드려 경배하려 하니 그가 나에게 말하기를 나는 너와 및 예수의 증언을 받은 네 형제들과 같이 된 종이니 삼가 그리하지 말고 오직 하나님께 경배하라 예수의 증언은 예언의 영이라 하더라"(요한계시록 19:10).

50 "성결의 영으로는 죽은 자들 가운데서 부활하사 능력으로 하나님의 아들로 선포되셨으니 곧 우리 주 예수 그리스도시니라"(로마서 1:4).

51 다니엘 4:8, 4:9, 4:18, 5:11을 참고하라.

52 John Bevere, 『존 비비어의 성령님』, 34-35.

53 John Bevere, 『존 비비어의 성령님』, 34-37.

54 김근주 외 2인, 『성경을 보는 눈』, 119-120.

인간과 함께하는 성령

기독교의 올바른 이해는 창조주 하나님에 대한 이해와 십자가에서 피 흘리심으로 인간의 모든 죄를 사하여 주신 예수에 대한 바른 이해가 중요하다. 하지만 예수가 승천하신 이후 세상 끝 날까지 인간과 함께 계셔서 항상 역사하시는 성령에 대한 바른 이해도 그에 못지않게 중요하다.[55] 하나님의 창조로부터 시작하여 예수 그리스도의 화해(和解)를 거쳐 종말의 완성에 이르는 구원사적 구성에서 성령은 대단히 중요한 위치를 차지한다.[56] 싸운 친구와는 왜 화해를 해야 하는가? 그것은 더 좋은 친구가 되기 위해서 화해하는 것이다. 화해하지 않으면 친구로 지낼 수 없다. 화가 났더라도 먼저 사과하고 다가가는 것이 인간에게 필요하다.[57]

구체적으로, 성령의 일하심은 창세기 1장부터 요한계시록 22장에 이르기까지 구원의 전 역사에 걸쳐서 나타난다. 그러나 성령의 가장 중요한 일하심은 예수 그리스도께서 완성하신 구원의 사건이 예수의 재림과 종말 때까지 모든 세대에 연속적으로 이어져가는

---

55 김동호, 『크리스천 베이직』, 144.
56 김동호, 『크리스천 베이직』, 144.
57 어휘의 달인 국어, "화해(reconciliation)", http://100.daum.net/encyclopedia/view/24XXXXX80012.

것이다.[58] 그것은 2000년 전 예수께서 십자가에 달려 돌아가심으로 완성하신 구원의 역사가 오늘 나에게 구체화되어야만 한다. 그렇지 않으면 그것은 단순한 역사의 사건에 불과하며, 나와는 아무 상관이 없는 일이 되고 말 것이다. 예수의 십자가 사건은 인간 안에서 오늘 다시 현실화되어야만 하는데, 그것을 실현하는 것이 바로 성령이다. 그래서 예수는 부활하시고 승천하신 후에 인간에게 오셔서 인간과 함께하시는 하나님을 바로 성령 하나님이라고 부른다.[59]

영국 케임브리지대학교(Cambridge University) 조직신학 교수 앨런 카페지(Allan Coppedge)는 성령 하나님의 삼위일체에 대하여 말하기를, "사도행전과 서신서, 그리고 요한계시록에 기록된 것처럼 예수의 삶과 하나님의 본성을 해석함에 있어 세 분 각자의 신적 본질에 대해 그들이 훨씬 더 충분한 이해를 갖고 있다는 것이다. 이 신적 본질의 하나 됨은 세 분 모두의 이름, 속성, 사역, 역할, 그리고 기독교의 예배를 묘사하는 일반적인 방식에서 볼 때, 아버지는 하나님, 예수는 하나님, 성령은 하나님이시다. 하나님은 한 분이시다"라고 하였다.[60] 예수가 이 땅에 오셔서 33년 동안 계셨지만, 성령은 예수가

---

58 김동호, 『크리스천 베이직』, 144.
59 김동호, 『크리스천 베이직』, 144.
60 Allan Coppedge, "웨슬리안의 하나님 이해", 13.

승천하신 후 인간에게 오셔서 세상 끝 날까지 함께하실 것이다. 성령은 인간과 함께하시기 위해서 다음의 네 가지 일을 하신다.

성령은 죄를 깨닫게 한다

성령은 죄가 무엇인지, 의가 무엇인지, 심판이 무엇인지에 대해 깨닫게 한다(요한복음 16:8).[61] 이것은 성령의 역사로 인해 인간 안에 여전히 죄가 남아 있다는 자각일 것이다.[62] 그래서 성령의 밝은 빛으로 인간의 삶이 조명될 때 비로소 하나님 앞에 설 수 없는 죄인이라는 사실을 깨달을 수 있다. 성령으로 말미암지 않으면, 인간은 상대적인 의에 사로잡혀 자신은 죄인이 아니라며 다른 사람보다 나은 사람이라고, 즉 의인이라고 착각하며 살아가게 된다.[63]

이처럼 자신이 죄인임을 깨달을 때 비로소 구주이신 예수를 생각할 수 있게 되고, 예수에게 나아가게 된다. 예수를 붙잡음으로 구원을 이룰 수 있게 된다. 자신이 죄인임을 깨닫고 인정하는 것처럼 구원에 중요한 일이 없는데, 바로 그 일을 성령이 감당하신다.[64]

---

61 김동호, 『크리스천 베이직』, 145–146.
62 Allan Coppedge, "웨슬리안 신학의 구원론", 『성결교회와 신학』 제40호 (2018), 42.
63 김동호, 『크리스천 베이직』, 145–146.
64 김동호, 『크리스천 베이직』, 146.

성령은 예수 그리스도를 알게 한다

인간이 죄인이라는 사실을 아는 것만으로는 구원을 얻을 수 없다. 인간이 죄인임을 아는 것과 더불어 구원에서 중요한 것이 있다. 그것은 예수가 인간의 주님이심을 아는 것이다. 예수가 인간의 주님이라는 사실은 증명이 불가능하고 설명이 불가능하다. 그러므로 이러한 사실을 믿고 안다는 것 또한 불가능에 가까운 일이다. 그런데 그 불가능한 일을 성령이 하신다(고린도전서 12:3).[65] 인간이 예수를 주님으로 인정하고 믿는 것이 얼마나 놀라운 일인지 모른다. 그리고 세상의 수많은 사람들이 예수 그리스도를 자신의 주님으로 고백하고 따른다는 것이 얼마나 신기한지 모른다. 그리고 이러한 기적들이 수천 년 동안 계속되었고, 앞으로도 계속될 것이라는 사실이 얼마나 놀라운지 모른다. 사람으로서 불가능한 그 일을 바로 성령이 하고 있다. 성령으로 말미암지 않고는 어느 누구도 예수를 주(主)라고 할 수 없다. 이는 세상 모든 사람들이 예수를 주(主)라 시인하며 믿고 사는 일 모두를 성령이 하신다는 의미이다.[66] 성령은 예수의 생애와 사역에 참여하셨다. 다시 말해, 예수의 동정녀 탄생을

---

65 김동호, 『크리스천 베이직』, 146.
"그러므로 내가 너희에게 알리노니 하나님의 영으로 말하는 자는 누구든지 예수를 저주할 자라 하지 아니하고 또 성령으로 아니하고는 누구든지 예수를 주시라 할 수 없느니라"(고린도전서 12:3).
66 김동호, 『크리스천 베이직』, 146-147.

가능하게 하였다(마태복음 1:18-20).[67] 40일 금식 후, 예수는 마귀에게 시험을 받으실 때 성령의 인도하심이 있었다(마태복음 4:1). 예수가 세례를 받으실 때, 성령은 비둘기같이 임하셨다.[68] 그리고 예수는 성령의 능력으로 병을 고치기도 하고 말씀을 전하기도 하셨다(누가복음 4:14).[69]

성령은 다른 사람을 사랑하게 한다

기독교의 기본 진리는 무엇보다 사랑이다. 사랑은 율법의 완성이며(로마서 13:10),[70] 인간들을 하나로 묶는 띠와 같은 것이다(골로새서 3:14).[71] 미국 스탠퍼드대학교(Stanford University)에 다니는 가난한 두 학생이 폴란드의 세계적인 피아니스트 파데레브스키(Ignacy J. Paderewski, 1860~1941)를 초청해 음악회를 열기로 하였다. 음악회 티켓 판매 수익금으로 학자금을 마련하려는 계획이었다. 하지만 티켓

---

67 "예수 그리스도의 나심은 이러하니라 그의 어머니 마리아가 요셉과 약혼하고 동거하기 전에 성령으로 잉태된 것이 나타났더니 그의 남편 요셉은 의로운 사람이라 그를 드러내지 아니하고 가만히 끊고자 하여 이 일을 생각할 때에 주의 사자가 현몽하여 이르되 다윗의 자손 요셉아 네 아내 마리아 데려오기를 무서워하지 말라 그에게 잉태된 자는 성령으로 된 것이라"(마태복음 1:18-20).

68 마태복음 3:16; 마가복음 1:10; 누가복음 3:22; 요한복음 1:32를 참고하라.

69 성기호, 『이야기 신학』, 217.

70 "사랑은 이웃에게 악을 행하지 아니하나니 그러므로 사랑은 율법의 완성이니라"(로마서 13:10).

71 성기호, 『이야기 신학』, 233.
   "이 모든 것 위에 사랑을 더하라 이는 온전하게 매는 띠니라"(골로새서 3:14).

판매는 예상보다 저조했고, 오히려 빚만 안게 될 위기에 처했다. 이 소식을 들은 파데레브스키는 자신이 받은 수익금 전액을 그들에게 돌려주며 두 사람의 인생을 격려해 주었다.

파데레브스키는 훗날 폴란드 대통령이 되었다. 당시 유럽은 세계대전의 후유증으로 극심한 빈곤에 처했다. 이에 파데레브스키는 미국에 식량 원조를 요청했고, 당시 미국의 31대 대통령 허버트 후버(Herbert C. Hoover, 1874~1964)는 아낌없이 도움을 주며 이렇게 말했다. "기억하십니까? 그때 참 고마웠습니다. 제가 스탠퍼드대학을 다니던 가난한 시절, 파데레브스키 대통령의 무조건적인 도움이 아니었다면 지금의 저도 없었을지 모릅니다."[72] 이처럼 성령은 다른 사람을 사랑하게 만드신다. 성령은 인간의 이성과 상식으로 이해되지 않는 것을 믿고 받아들이게 하신다.

성령은 성결한 삶을 살게 한다

성령은 인간을 구원하는 사역뿐만 아니라 깨끗하게 하시는 성결의 삶을 살게 하신다.[73] 삼위일체 하나님의 근본적 속성은 '성결'(holiness)이다. 성결은 성부, 성자, 성령을 하나로 묶는 키워드이

---

72 김은호, 『은혜에 굳게 서라』.
73 성기호, 『이야기 신학』, 217.

기도 하다. '성결하다'라는 형용사는 구약성경에서 3번,[74] 신약성경에서는 91번 이상 사용되었다. 성결은 삼위일체 하나님의 본성을 잘 드러내는 대표적인 표현이다.[75] 삼위일체 성령은 인간의 영을 살릴 뿐만 아니라 인간의 마음을 성결하게 하신다(사도행전 15:8-9).[76]

그래서 성령은 인간의 마음속에 성령의 역사에 대한 확신을 준다. 성령이 함께하는 인간의 마음은 최선을 다해 성결한 삶을 살아가기 위한 자리다.[77] 역사적으로, 성결한 삶을 삶았던 한 사람을 한 예로 들어 보자. 민족 구성원 모두가 참여한 3·1운동은 이제껏 일본제국주의에 무기력하게 짓눌려 온 굴종의 삶에 대한 성결한 공동체의 저항이었다. 교파에 따라 개교회를 통한 긴밀한 연결망을 가진 기독교는 독립 만세운동이 전국적으로 퍼져 나가게 하는 구심점이 되었다.[78] 수많은 그리스도인들이 관여한 이 운동에 성결교회의 참여는 당연한 것이었다. 3·1운동 101주년을 기념하는 시점에서 이 운동에 참여한 성결교회와 성도들의 활동을 찾아 기억하는 작업은 민족에 대한 뜨거운 애정을 가지고 있었던 신앙인 선배들의 모

---

74 시편 51:11; 이사야 6:1을 참고하라.
75 Allan Coppedge, "웨슬리안의 하나님 이해", 24.
76 "또 마음을 아시는 하나님이 우리에게와 같이 그들에게도 성령을 주어 증언하시고 믿음으로 그들의 마음을 깨끗이 하사 그들이나 우리나 차별하지 아니하셨느니라"(사도행전 15:8-9).
77 Allan Coppedge, "웨슬리안 신학의 구원론", 36-37.
78 이응호, 『한국성결교회사 1·2』(서울: 성결문화사, 1992), 583.

습에서 세상의 아픔과 함께 동참하려는 보다 진지한 신앙인의 모습을 볼 수 있기 때문이다.[79]

특히, 성결대학교 설립자 영암(靈岩) 김응조(金應祚, 1896~1991) 목사는 3 · 1운동 당시 경성성서학원(京城聖書學院)의 학생이었다. 김응조는 연희전문, 보성전문, 이화여전, 감리교신학교와 경성성서학원 대표들과 함께 3 · 1운동에 참여하였다. 이로 인해 수감되었던 김응조는 1919년 3월부터 1920년 4월까지 약 1년 정도 형무소에서 복역하였다.[80] 이처럼 성령은 인간들이 성결한 삶을 살도록 인도하신다. 성령은 곤경에 처한 인간의 연약함을 도우시며, 인간과 함께 기도해 주시는 고마운 하나님의 영이신 것이다(로마서 8:26).[81]

결론적으로 현대인에게 성령은 필요한가에 대하여 살펴보았다. 성령은 신사다. 성령은 인간에게 자신의 뜻을 강요하지 않으신다. 인간 쪽에서 관계를 거부하면 성령은 침묵하신다.[82] 관계의 최종 목적은 무엇인가? 그것은 바로 관계를 통한 깊은 인격적인 사귐이다. 성령은 인간의 친구가 되기를 원하신다. 사실 성령은 인간과 친밀

---

79 박창훈, "3 · 1운동과 한국 교회: 성결교회", 『성결교회와 신학』 제40호 (2018), 103. 서울신학대학교 역사신학 교수 박창훈의 이러한 연구는 성결교회가 사회적인 참여에 무관심했다거나 부정적인 생각을 가지고 있었다는 이제까지의 선입관을 극복할 수 있는 계기가 되었다고 하겠다.

80 박창훈, "3 · 1운동과 한국 교회: 성결교회", 114-116.

81 "이와 같이 성령도 우리의 연약함을 도우시나니 우리는 마땅히 기도할 바를 알지 못하나 오직 성령이 말할 수 없는 탄식으로 우리를 위하여 친히 간구하시느니라"(로마서 8:26).

82 John Bevere, 『존 비비어의 성령님』, 112.

하게 사귀기를 원하신다.[83] 그래서 야고보서 4장 5절은 "너희는 하나님이 우리 속에 거하게 하신 성령이 시기하기까지 사모한다 하신 말씀을 헛된 줄로 생각하느냐"라고 하였다. 성령이 사모하는 것은 인간과의 친밀함에 있다. 성령은 시기할 정도로 인간을 사모하신다. 이것은 인간이 다른 애인과 놀아나는 것을 성령은 결코 용납하지 않는다는 뜻과 같다. 한 남자가 다른 여자와 바람피우는 것을 그의 아내가 그냥 두지 않는 것과 마찬가지이다.[84]

현대인은 인간에게 주신 성령으로 말미암아 인간의 마음에 부은바 된 하나님의 사랑을 가져야 한다.[85] 성령과 동반자(partner)로 살아가는 인간의 생활은 믿음과 희망과 사랑을 모두 가지고 있어야 한다. 그중에 제일 중요한 것은 인간의 사랑이 아니라 하나님의 사랑이다.[86] 하나님의 사랑은 이 모든 것을 완성시켜 주는 것이다.

83 John Bevere, 『존 비비어의 성령님』, 106.
84 John Bevere, 『존 비비어의 성령님』, 106.
85 John Wesley, 『존 웨슬리의 파워풀 성령』, 279.
86 김형석, 『교회 밖 하나님 나라』, 135.

chapter

05

인문학으로 톺아보기 :

나는
누구인가?

독일의 철학자 임마누엘 칸트(Imma-
nuel Kant, 1724~1804)의 『순수이성 비판』(*Kritik der reinen Vernunft*)에
서 철학이 제기하는 가장 중요한 질문은 세 가지였다. 그것은 '우
리는 무엇을 알 수 있는가? 우리는 무엇을 해야 하는가? 우리는 무
엇을 바랄 수 있는가?'이다. 그러나 그 후에 칸트의 『논리학 강의』
(*Logik*)에서 제기된 질문은 위에서 언급한 세 가지 질문이 모두 '인
간이란 무엇인가?'라는 질문으로 귀결(歸結)된다고 말했다.[1] 그리
고 소크라테스(Socrates) 철학의 궁극적인 목적은 '너 자신을 알라'

---

1   손봉호, 『나는 누구인가』, 203.

($\gamma\nu\omega\theta\iota$ $\sigma\epsilon\alpha\upsilon\tau\sigma\nu$)[2]였다. 이것을 인간이 무엇인지를 알면 자신이 어떤 존재인지, 누구인지를 알 것 같지만 결코 그렇지는 않다. 인간과 자신은 어느 정도 연관성은 가지고 있지만 근본적으로 다른 차원이다. 인간이 무엇인지 인간의 지식이 어떤 것인지는 매우 중요하지만 '나는 누구인가'라는 것은 한층 더 중요하다. 인간이 우주에 대해서 인식해도 그것은 어디까지나 나라는 존재를 통해서 의미를 가지는 것이다. 왜냐하면 나라는 존재가 무의미(無意味)하면 우주가 아무리 의미(意味)가 있고 아름답다 해도 아무런 소용이 없다.[3]

'나는 누구인가'라는 질문을 던지는 존재는 인간밖에 없다. 그것은 인간이 인간 존재 자체를 스스로 문제 삼을 수 있는 반성적 사유를 할 수 있는 유일한 존재이기 때문이다. 이처럼 인간을 탐구한다는 인문학(humanities)이 그렇듯 독특한 인간의 면모에 특별히 주목하는 것은 당연한 것이다.[4] 그래서 인문학자들이 적잖은 수고를 쏟는 것은 인간이 워낙 복잡한 존재라 인간에 대한 이해도 그 내용이 복잡할 수밖에 없다. 인간은 자신의 정체에 대해 여러 복잡한 생각을 할 수 있겠으나 일단 인간이 어떤 짓을 하며 살고 있는지 알아야

---

2   이 말은 원래 소크라테스가 한 말이 아니고 델포이의 아폴론 신전 마당에 새겨져 있던 문구다. 당시 그리스에서 유명한 격언이었기 때문에 소크라테스가 인용한 것이다.

3   손봉호, 「나는 누구인가」, 203-206.

4   강신주 외 6인, 「나는 누구인가」 (서울: 21세기북스, 2016), 112.

인간이 어떤 존재인지 알 수 있다.[5]

　나는 어떤 존재인지는 나는 어떤 삶을 사느냐에 의해 드러난다. 내가 살아온 삶, 내가 앞으로 살아갈 삶, 그 전체 스토리텔링에서 내가 누구인지 알려지는 것이다. 내가 다른 사람을 판단할 때도 마찬가지이다. 그가 어떤 삶을 살았고, 앞으로 어떻게 살 것인지 알면 그 사람을 좀 안다고 생각한다. 그래서 취업할 때, 입사 원서에 이력서를 요구하는 까닭도 그런 것이다. 외국계 기업에서는 이력서를 '커리큘럼 바이테'(Curriculum Vitae)라고 부른다. 그 말은 곧 지금에 이르기까지의 삶의 여정을 뜻한다. 당장 확인할 수 있는 생긴 모양과 차림새나 입시 시험 성적뿐만 아니라 그 사람이 어떤 삶을 살아왔는지까지 알아야 안심하고 채용할 수 있다는 뜻이다.[6] 따라서 현대인의 정체성이라 할 수 있는 나는 누구인지에 대하여 살펴보고자 한다.

'나'라는 존재

　　재단법인 플라톤 아카데미(Foundation Academia Platonica)의 책임교수요, 연세대학교 교회사 교수 김상근은 현대인에게

5　강신주 외 6인, 『나는 누구인가』, 112.
6　강신주 외 6인, 『나는 누구인가』, 112-113.

있어서 자기 성찰에 대하여 말하기를, "끊임없이 자신에게 '나는 누구인가'라는 의문을 던져야 한다"라고 하였다.[7] 인간은 태어나 살기 시작하며 곧 자신의 정체성을 형성해 나간다. 그리고 성장의 단계에서부터는 자신의 삶에 대한 반성적인 평가를 시작한다. 그때가 바로 자신이 어떤 존재인지를 묻는 때다. 이때부터 인간은 의식적으로 스스로 자신이 되고 싶어하는 삶을 살고자 노력한다. 물론 인간마다 개인적인 차이는 있겠지만 누구나 다 멋지고 근사한 삶을 살고 싶어할 것이다.[8] 그러한 멋지고 근사한 삶을 살기 위해 나는 누구인가에 대하여 살펴보고자 한다.

나를 통해 나를 볼 수 없는 존재

사실 나를 통해 자신을 알기란 그리 쉽지 않다. 그것은 철두철미하게 사적이기 때문이다. 나라는 존재는 외부에 공개되어 누구든지 관찰하고 시험할 수 있는 것이 아니기 때문에 어렵다. 그것은 오직 나 자신을 통해서만 알 수 있는 영역이다. 그래서 과거로부터 철학자들은 자신을 알 수 있는 유일한 길은 내성(內省)이라고 생각했다. 마음의 눈으로 자기 마음을 들여다보는 방법밖에 없다고 생각

---

7 김상근, 『아레테의 힘 인문학으로 창조하라』 (서울: 멘토프레스, 2013), 38.
8 강신주 외 6인, 『나는 누구인가』, 114.

한 것이다.[9] 하지만 결국 이러한 나를 살피는 나는 무한히 후퇴할 수 있다. 철학에서는 이런 것을 두고 '무한후퇴'(無限後退)라고 부른다. 이러한 방법으로는 어떤 성질의 것이든 확실한 지식에 도달할 가능성은 거의 없다.[10]

영국의 경험주의 철학자 데이비드 흄(David Hume, 1711~1776)은 내성에 대하여 말하기를, "자신의 마음을 들여다보면 나는 발견되지 않고 이제까지 자기가 경험한 것들만 나타난다"라고 하였다.[11] 이처럼 내 자아를 들여다 보면 수많은 경험들이 있지만 그 경험들로는 나를 발견할 수 없다는 것이다. 그래서 사실 나라는 존재는 잡히지 않는 대상이다.[12]

관계를 통해 태어나는 존재

인간은 어떤 사물이나 현상을 바라볼 때 바라보는 시각에 따라 그 대상이 상당히 다르게 해석된다. 인간이 아래 그림에서 나무막대를 보고 묘하게도 왼쪽에서는 네 개로 보이고, 오른쪽에서는 세 개로 보인다고 말한다. 그래서 같은 것을 두고도 '이것은 세 개다'라

---

9   손봉호, 『나는 누구인가』, 208.
10 손봉호, 『나는 누구인가』, 208.
11 손봉호, 『나는 누구인가』, 208.
12 손봉호, 『나는 누구인가』, 209.

고 주장하는 사람의 말은 일리가 있다. 하지만 '아니다. 네 개다'라고 주장하는 사람의 말도 일리가 있다. 이처럼 인간이 살고 있는 현실은 이렇게 복잡하고 다양해서 하나의 관점만이 옳다고 주장하기란 힘든 측면이 있다.[13]

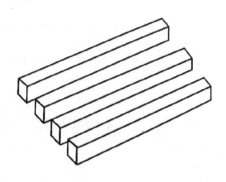

예를 들어, 남자와 여자라든가, 선진국과 후진국, 백인과 흑인처럼 두 개의 대립형을 설정하는 경우, 두 요소 사이에는 권력과 복종, 지배와 피지배 관계가 형성되기 쉽다. 그래서 남녀 간에도 남자가 중심이라고 생각하면 남성중심주의(Androcentrism)가 되는 것이다. 선진국이 후진국을 얕보면 제국주의(Imperialism)의 시각이 되는 것이다. 백인이 흑인보다 우월하다고 주장하면 인종주의(Racism)가

---

13 배철현 외 7인, 「낮은 인문학」, 178.

되는 것이다. 차이의 존재는 당연하겠지만 그것을 전제로 하여 차별한다면 분명히 힘의 논리가 작용하고 많은 왜곡이 나타난다.[14]

최근 인터넷에 돌아다니는 우스갯소리를 예로 들어 보자.[15] 술을 좋아하는 사람에게 길을 물으면 이렇게 대답한다. "저쪽 코너에 호프집이 있어요. 거기서 오른쪽으로 돌면 막걸리집이 보이구요. 거기서 300미터 직진하면 됩니다." 반면에 목사에게 길을 물으면 이렇게 대답한다. "저기 교회 보이시죠? 그 교회를 지나서 100미터 가면 2층에 다시 교회가 보입니다. 그 교회에서 오른쪽으로 돌면 됩니다." 또 어떤 사람들에게 '+'가 그려진 카드를 보여 주면 수학자는 '덧셈'이라고 하고, 산부인과 의사는 '배꼽'이라고 말한다. 목사는 '십자가'라고 하고, 교통경찰은 '사거리'라고 한다. 간호사는 '적십자'라고 하고, 약사는 '녹십자'라고 한다.

이처럼 모든 사람들은 다 자기 입장에서 바라보기 때문에 한마디로 다른 사람이 틀린 것이 아니라 다를 뿐이다. 동양이나 서양의 구분도 이와 별반 다르지 않다. 편견이나 선입견을 가지고 특정한 하나의 논리를 앞세운다면 대상의 본질이 심각하게 왜곡될 수밖에

---

14 배철현 외 7인, 『낮은 인문학』, 178–179.
15 배철현 외 7인, 『낮은 인문학』, 179.

없다.[16] 결국에 나라는 존재는 타자의 관점을 동등하게 가치 있는 것으로 받아들이고, 현실을 다른 눈으로 바라보는 탈중심적인 전망과 결부되어 있다는 점을 알아야 한다.[17]

현대인인 나라는 존재가 자신만 들여다본다면 자신을 정확하게 알 수 없다. 나는 자신이 아닌 다른 것들과의 관계를 통해 알 수 있다.[18] 진정한 인격적인 관계는 내가 먼저 관계를 맺으려고 할 때만 생기는 것은 아니다. 많은 경우에 다른 사람이 먼저 나의 너가 되어 주기 때문에 가능한 것이다.[19] 그러므로 내가 나 되는 것은 은혜라고 할 수 있다. 그것은 내가 가진 자격과 능력, 그리고 조건과 관계없이 그런 것들을 초월한 다른 이의 사랑 때문에 나라는 존재가 되기 때문이다.[20]

선한 목자를 통한 '나'라는 존재

성경에 보면, 예수님은 나라는 존재에 대하여 말하기를, "나는 선한 목자다. 선한 목자는 양을 위하여 자기 목숨을 버

---

16 배철현 외 7인, 「낮은 인문학」, 179–180.
17 배철현 외 7인, 「낮은 인문학」, 201.
18 손봉호, 「나는 누구인가」, 209.
19 손봉호, 「나는 누구인가」, 213.
20 손봉호, 「나는 누구인가」, 214.

린다(I am the good shepherd, and the good shepherd gives up his life for his sheep)"라고 하였다(요한복음 10:11). 선한 목자에게 양이란 너이기 때문에 양들 하나하나를 독특한 대상으로 안다. 그래서 선한 목자는 양들에게 나오라고 하지 않고 양의 이름을 하나씩 부른다. 그래서 양들도 선한 목자의 음성을 분별할 수 있다. 마찬가지로 어린 딸을 사랑하는 아빠의 음성은 다른 누구도 흉내 내지 못한다. 어린 딸은 아빠의 음성을 정확하게 알아차린다.[21]

예수님은 아흔아홉 마리 양은 내버려 둔 채 잃어버린 한 마리 양을 찾기 위해 돌아다니는 목자의 비유를 소개하였다(마태복음 18:12-14).[22] 경제적으로 보면 누가 보아도 말이 안 된다. 잃어버린 양 한 마리가 아깝기는 하지만 그래도 한 마리 양을 찾으러 다니다가 아흔아홉 마리를 잃어버리면 더 큰 손해이다. 그러나 잃어버린 것이 양이 아니고 장애가 있는 자녀라면 정상적인 부모는 어떻게 하는가? 건강한 자녀들을 돌보기 위해 그 아이를 포기할 부모는 없다. 이 비유를 통해 잃어버린 양과 목자의 관계는 나와 그것의 관계가 아니라 나와 너와의 관계이다. 여기서 너는 대체 불가능한 존재

---

21 손봉호, 「나는 누구인가」, 215.
22 "너희 생각에는 어떠하냐 만일 어떤 사람이 양 백 마리가 있는데 그 중의 하나가 길을 잃었으면 그 아흔아홉 마리를 산에 두고 가서 길 잃은 양을 찾지 않겠느냐 진실로 너희에게 이르노니 만일 찾으면 길을 잃지 아니한 아흔아홉 마리보다 이것을 더 기뻐하리라 이와 같이 이 작은 자 중의 하나라도 잃는 것은 하늘에 계신 너희 아버지의 뜻이 아니니라"(마태복음 18:12-14).

이다. 잃어버린 양 한 마리는 아흔아홉 마리의 양으로도 대체할 수 없는 것이다.[23]

성경에서 소개하는 하나님은 인격적인 하나님이다. 그는 단순히 하나의 우주 법칙이거나 절대적인 존재로 인간에게 나타나는 것이 아니라, 사랑으로 인간과 인격적 관계를 맺기 원하시는 사랑의 하나님이다. 인간을 그의 너로 만들기를 간절히 소원하는 나로 인간 앞에 서시는 분이다. 그는 인간의 방문을 두드리고 방 안에 들어오셔서 인간과 인격적인 관계에 들어가기를 원하시는 분으로 자신을 소개한다(요한계시록 3:20).[24] 인간을 그저 여러 가지 중의 하나로 모두 동일하게 취급하시는 것이 아니라 인간 각각의 이름을 부르시면서 독특한 너로 만나려 하신다. 하나님 편에서 볼 때, 인간들 하나하나는 천하와도 바꿀 수 없는 특별한 존재인 것이다.[25] 이러한 선한 목자의 심정을 가지고 나와 너의 삶을 살았던 한 여성을 예로 들어 보자.

미국에서 우범지역으로 유명한 할렘가에 세워진 교회가 있다. 대부분의 교회 교인들은 흑인인 경우가 많다. 이 교회는 맨하탄

---

23 손봉호, 「나는 누구인가」, 215-216.
24 "볼지어다 내가 문 밖에 서서 두드리노니 누구든지 내 음성을 듣고 문을 열면 내가 그에게로 들어가 그와 더불어 먹고 그는 나와 더불어 먹으리라"(요한계시록 3:20).
25 손봉호, 「나는 누구인가」, 216-217.

(Manhattan)에 살던 한 독일 여성을 통해 80여 년 전에 세워졌다. 독실한 그리스도인인 그녀가 이끄는 성경 공부를 통해 할렘의 흑인 여성들이 그리스도를 믿게 되었다. 그들은 더 많은 친구에게 복음을 전하고 싶어 그녀에게 할렘에서도 사역을 시작해 달라고 부탁했다. 이 독일 여성은 당시 약혼한 상태였는데, 약혼자는 그녀의 사역에 극구 반대했다. 그녀가 그 길로 간다면 그는 파혼까지 하겠다고 선언했다. 그녀는 결혼하고 싶은 마음과 하나님의 부르심 사이에서 고민하던 중에 이사야 54장 1절 "홀로 된 여인의 자식이 남편 있는 자의 자식보다 많음이라"는 말씀을 마주 대했다. 그녀는 하나님의 부르심을 따랐고, 그 결과 약혼자를 잃었다. 이런 과정을 거쳐 태어난 교회가 현재의 베델 복음교회다. 그녀가 둔 영적 자녀는 당연히 그녀가 결혼해서 낳았을 육의 자녀와는 비교할 수 없이 훨씬 많다.[26]

이처럼 나와 너의 관계는 아버지와 딸, 아내와 남편, 만나면 즐거운 친구 사이에도 성립된다. 그러나 나와 너의 관계가 모두 본래적인 것도 아니고 모두 순수한 것도 아니다. 그것의 요소가 그 순수해야 할 나와 너의 관계 속에 스며드는 것이다. 물론 하나님

---

26 Timothy Keller, 『당신을 위한 갈라디아서』, 윤종석 역 (서울: 도서출판 두란노, 2018), 185.

과의 관계도 항상 나와 너의 순수한 관계로 남아 있을 거라는 보
장도 없다.[27]

사랑을 통한 '나'라는 존재

인간은 나라는 존재에 대한 운명을 사랑해야 한다.
스토아 철학자요 로마사를 빛낸 오현제(五賢帝) 중 한 명인 마르쿠스
아우렐리우스(Marcus Aurelius, 121~180) 황제는 왕으로서 세상에 내
던진 자기 성찰에 대하여 "아모르 파티(*Amor Fati*, 너의 운명을 사랑하
라)"라고 하였다.[28] 진실로 참된 인간이란 고통을 견뎌내야 하는 자
신의 운명을 받아들이고 사랑하는 것이다. 앞으로도 헤아릴 수 없
이 많은 고난이 자신에게 오더라도 피하지 않고 앞을 향해 전진해
야 한다.[29] 성경에도 보면, 나라는 존재를 사랑해야 할 이유에 대해
서 강조한다. 그것은 인간이 하나님의 형상대로 지음 받은 모든 창
조물 중에서 가장 뛰어난 '걸작품'(Masterpiece)이기 때문이다(창세기
1:27).[30]

---

27 손봉호, 『나는 누구인가』, 218.
28 김상근, 『아레테의 힘 인문학으로 창조하라』, 38.
29 김상근, 『아레테의 힘 인문학으로 창조하라』, 38.
30 "하나님이 자기 형상 곧 하나님의 형상대로 사람을 창조하시되 남자와 여자를 창조하시고"(창
    세기 1:27).

이렇게 하나님 사랑의 조명 아래서 자신의 모습을 적나라하게 바라보았을 때, 나라는 부끄러운 자신을 발견한다. 그와 사랑의 관계에 들어갈 만한 자격이 없음을 발견하는 것이다. 이것은 마치 거짓말을 한 학생이 선생님의 부릅뜬 눈을 피하듯, 하나님 앞에 선 나라는 존재가 자꾸만 시선을 아래로 내리며 그의 영광스러운 얼굴을 바로 쳐다볼 수 없다. 이것이 나라는 존재의 참모습이다.[31] 하지만 그와 같은 부끄러움은 분명히 절망으로 이끄는 부끄러움이 아니다. 부끄럽기에 오히려 더 고맙고 감격하지 않을 수 없는 그런 감정이다. 그러므로 오히려 자신을 숨기지 않고 폭로할 수 있는 용기가 있는 것이다.[32]

다른 제자들보다 훨씬 더 비참할 정도로 비겁해져서 자기의 스승 예수님을 배반한 열두 사도의 대표였던 베드로는 그 일을 일평생 부끄러워하였다. 그런 그가 마침내 순교 당할 때, 자신은 바로 선 십자가에 달릴 가치도 없다고 생각하여 스스로 거꾸로 선 십자가에 달렸다. 하지만 그는 자신의 배반을 숨기려 하지 않고 그의 제자였던 마가로 하여금 신약성경 가운데 하나인 마가복음에 매우 상세하게 서술하도록 하였다. 그 이유는 다름 아닌 자신의 잘못을 폭

---

31 손봉호, 「나는 누구인가」, 219.
32 손봉호, 「나는 누구인가」, 220.

로함으로써 만족을 얻는 마조히즘(Masochism)[33]이 아니라, 나라는 존재의 잘못을 용서해 주신 하나님의 사랑에 감격해서이다.[34] 이처럼 부끄러우면서도 절망하지 않을 수 있는 것이 하나님과 사랑의 관계에 들어간 사람이 발견한 나 자신이다. 사랑은 단순히 받는 것으로 만족하는 것을 허락하지 않는다. 즐기고 받기만 하는 것은 분명 사랑의 본성에서 어긋난다. 사랑 안에서 나를 발견한 사람은 사랑하지 않으면 안 된다. 사랑하지 않을 수 없게 되는 것이다.[35]

기독교에서 사랑의 하나님과 나와 너의 관계를 맺고 그의 은혜로 자신의 참된 모습을 발견한 사람은 하나님이 의도하신 대로 주도적으로 사랑을 시작하는 것이다. 나는 누구인가? 그것은 어떤 문장으로 표현될 수 있는 성질의 것이 아니다. 다만 다른 인격체와 나와 너의 관계를 맺을 수 있을 때 태어나는 것이다. 하나님의 사랑속에서 천하보다 더 귀한 존재임을 인정받는 것이다.[36] 그 사랑의 빛 아래서 부끄러운 나는 바로 그 때문에 감격하고, 그런 나를 가능케 한 사랑을 실천함으로 다른 나들을 탄생시키는 것이다. 이것이

---

33 마조히즘이란 타인으로부터 육체적 또는 정신적으로 학대를 받고 고통을 받음으로써 성적 만족을 느끼는 병적인 심리상태를 말한다.
34 손봉호, 『나는 누구인가』, 220.
35 손봉호, 『나는 누구인가』, 220-221.
36 손봉호, 『나는 누구인가』, 221.

하나님의 형상으로 지음 받은 나의 본래 모습이다.[37]

하나님의 형상으로 지음 받은 인간에게 바울은 믿음과 소망, 그리고 사랑, 이 세 가지는 언제까지나 남아 있다고 하였다(고린도전서 13:13). 바울은 이 사랑을 인간을 향한 기독교의 지향점(direction point)으로 제시하였다. 궁극적으로 기독교는 그리스도의 사랑을 인간에게 나누고 보여 주기 위해서 존재한다(에베소서 5:25).[38]

지금까지 현대인, 나는 누구인가에 대하여 살펴보았다. 현역 시절 최다 홈런 신기록을 갈아 치우며 국민 타자로 불렸던 이승엽 선수의 일화를 소개하겠다. 경기 시작 전에 몸을 풀던 이승엽 선수에게 상대 팀 팬이 쩌렁쩌렁 울리는 목소리로 "이승엽 싫어!"라고 외쳤다. 계속 그렇게 외치자, 이승엽 선수도 그 소리를 들었다. 그는 관중석을 향해 걸어가더니 자기에게 소리를 지르던 그 사람에게 웃으면서 야구공 하나를 건네주었다.

그러자 소리를 지르던 사람이 무안해진 표정으로 공을 받아 들었다. 이승엽 선수는 "다음부터는 좋다고 해 주세요"라고 말했다. 상대 팀의 팬도 야구팬이기에 인정해 주고 품어 주는 지혜가 그에게는 있었다. 만약 당신을 못살게 구는 사람이 있다면, 그들도 하나

---

37 손봉호, 「나는 누구인가」, 221.
38 Mark Driscoll, 「예수 안에서 나는 누구인가」, 정성묵 역 (서울: 도서출판 두란노, 2013), 272.

님의 형상대로 지음 받은 한 사람임을 기억해야 한다. 그럴 때 나라는 존재를 누구보다는 잘 아시는 하나님이 그 사람에게 사랑할 수 있는 지혜를 주실 것이다.[39]

마태복음 16장 25절에서 예수님은 사랑할 수 있는 참된 지혜에 대하여 말씀하기를 "누구든지 제 목숨을 구원하고자 하면 잃을 것이요 누구든지 나를 위하여 제 목숨을 잃으면 찾으리라"라고 하셨다. 이처럼 기독교는 인간에 대한 사랑으로부터 시작한다. 이러한 인간은 믿음과 소망을 가지고 살고, 사회는 자유와 평등을 찾아 누릴 수 있어야 한다. 이렇게 함으로써 이웃과 화평을 이루는 역사가 세워지는 것이다.[40]

39 최병호, 『열혈 청년 전도왕 2 양육편』 (서울: 도서출판 두란노, 2013).
40 김형석, 『교회 밖 하나님 나라』, 179-180.

chapter
06

인문학으로 톺아보기 :

성경은
왜 필요한가?

지난 2018년 11월 5일자 《교수신문》(敎授新聞)은 교수들이 읽던 책 중에 다시 읽고 싶은 책 1위로 '성경'을 뽑았다. 이에 대해 서울대학교 국문학과 교수 방민호는 고전을 다시 읽는 이유에 대하여 "지식인 집단의 특성이 드러난다. 근본적이고 고전적인 세계에서 사회문제 해결에 대한 가르침을 구하고자 하는 지식인 집단의 고민이 드러나는 명단이라는 생각이 든다"라고 하였다.[1] 물론 성경은 어느 정도까지는 사실에 대한 지식 정보

---

1   교수신문 2018년 11월 5일자. 전국의 교수들이 읽었던 책 중 다시 읽고 싶은 책들은 고전이 많았다. 『성경』(4.9%), 『삼국지』(3.9%), 『논어』(3.7%), 『토지』(2.7%), 『총, 균, 쇠』(1.9%), 『도덕경』(1.9%) 등이 상위권에 올랐다.

를 제공하고 있으며, 그것이 전제되지 않는다면 성경의 가장 기본적인 가르침이 성립될 수 없는 것이 많다. 예를 들어, 성경은 분명히 하나님이 말씀으로 천지를 창조하셨고, 예수님은 동정녀의 몸에서 나셨으며, 부활하셨다고 가르친다. 이것은 어디까지나 기독교 교리이고 결코 양보할 수 없는 것이기 때문에 분명히 과학적 논리나 지식과 충돌을 일으킨다.[2]

무엇보다 성경의 가장 중요한 목적은 그런 사실에 대한 정보를 제공하는 데 있는 것이 아니라, 예수 그리스도를 믿는 믿음으로 말미암아 인간에게 구원에 이르는 지혜를 줄 수 있고 교훈과 책망과 바르게 함과 의로 교육하기에 유익하며, 결국 이것은 하나님의 사람을 유능하게 하고 인간에게 온갖 선한 일을 할 수 있게 하는 것이다(디모데후서 3:15-17).[3] 따라서 어느 시대를 막론하고 기독교 신앙의 기반으로 두고 하나님의 말씀으로 믿고 있는 성경에 대하여 살펴보고자 한다.

---

2 손봉호, 「나는 누구인가」, 67.
3 손봉호, 「나는 누구인가」, 67.
  "또 어려서부터 성경을 알았나니 성경은 능히 너로 하여금 그리스도 예수 안에 있는 믿음으로 말미암아 구원에 이르는 지혜가 있게 하느니라 모든 성경은 하나님의 감동으로 된 것으로 교훈과 책망과 바르게 함과 의로 교육하기에 유익하니 이는 하나님의 사람으로 온전하게 하며 모든 선한 일을 행할 능력을 갖추게 하려 함이라"(디모데후서 3:15-17).

인간은 지금 인공지능(Artificial Intelligence), AI시대와 100세 시대를 살고 있다. 기대 수명은 길어졌고, 수많은 정보의 흐름 속에서 과거 인간들이 상상하지 못했던 많은 지식을 축적할 수 있는 기회를 누구나 갖고 있다. 그럼에도 삶은 문제투성이며, 인생의 정답을 찾기 위한 여정에는 끝이 없다. 인생의 문제를 해결하기 위해서는 성경이 필요하다.[4] 왜냐하면 성경은 인간의 책이다. 지금까지 성경은 가장 많은 사람들에게 읽혀졌다. 또한 가장 많이 판매된 책이 성경이다. 그리고 가장 오랜 세월 동안 성경은 많은 사람들에게 영향력을 미쳐 왔다.[5]

20세기 최고의 강해설교가로 평가받는 존 스토트(John R. W. Stott, 1921~2011)는 성경에 대하여 이렇게 말했다. "앞으로도 성경은 세계적인 베스트셀러로 남을 것이다. 참고로, 이슬람교의 꾸란은 지금까지 128개 언어로 번역되었다. 이에 비해 성경은 275개 언어로 번역되었고, 신약성경은 495개 이상의 언어로 번역되었다. 그리고 성경에 속한 책들 중 한 권이라도 번역된 경우는 940개 언어

---

4   김윤희, 『커뮤니티 성경읽기 가이드북』 (서울: 지엔엠 글로벌 문화재단, 2017), 299.
5   정길수, 『현대인과 성경』 (부산: 부산외국어대학교 출판부, 2000), 11.

에 달한다. 모두 합친다면, 성경은 주요 부분이 적어도 1,710개 언어와 방언으로 번역되었다. 2014년 기준으로 약 2,883개 언어로 번역된 것이다. 이렇게 오래된 책이 아직도 베스트셀러 목록의 맨 윗자리를 차지하고 있다. 이는 성경을 하나님의 말씀으로 믿기 때문이다. 하나님은 성경을 통해 현대인들에게 살아 있는 음성으로 말씀하시기 때문이다. 그래서 성경은 어제를 위한 책이었고, 의심할 것 없이 내일을 위한 책이다. 성경은 오늘을 위한 책이고, 오늘날 이 세상을 위한 하나님의 말씀이다. 성경이 계속해서 베스트셀러라는 점과 그럼에도 도외시된다는 점, 그리고 성경이야말로 이 시대에 아주 절실한 책이라는 점은 현대인들이 주목해 읽어야 할 이유다."[6] 이렇듯 성경은 현대인을 위한 책인 것이다.

기독교에서 성경은 하나님의 말씀으로 절대적 신적 권위를 지닌다.[7] 성경이라는 말은 그리스어 '비블로스'(βιβλος)로, 즉 '책' 혹은 '기록'이라는 뜻이다.[8] 여기서 영어의 '성경'(Bible)이라는 단어가 파생되었다. 아주 방대한 책인 성경은 크게 두 부분으로 구약성경(Old Testament)과 신약성경(New Testament)으로 나뉘어졌다. 성경은 단권

---

6 John R. W. Stott, 『성경이란 무엇인가』, 박지우 역 (서울: IVP, 2015), 11–13.
7 김동환, 『하나님을 만난 9명의 아이들』 (파주: 김영사, 2019), 95.
8 Frederick William Danker, 『신약성서 그리스어 사전』, 126.

으로 된 것이 아닌 여러 권으로 된 책이다.[9] 성경은 B.C. 1500년부터 A.D. 100년까지 대략 1600년 동안 약 40명의 저자들을 통해 글로 기록되었다. 구약성경 39권과 신약성경 27권을 합쳐서 총 66권으로 모여진 한 권의 성경으로 이루어졌다.[10]

성경은 하나님의 말씀으로 하나님이 성경의 저자들에게 영감을 주어 하나님의 뜻을 기록하도록 하였다. 디모데후서 3장 16절[11]에 보면, 모든 성경의 각 권이 하나님의 감동으로 기록된 것임을 분명하게 밝히고 있다.[12] 성경의 내용은 역사, 문화, 단편소설, 시, 노래, 철학, 법률, 편지들의 형식이다.[13] 성경에서 하나님은 인간이 믿을 수 있는 방식으로 말씀하셨다.

성경은 원래 히브리어(구약성경)와 그리스어(신약성경)로 기록되었다. 오늘날 사용하는 성경은 원어 성경을 영어 혹은 다른 언어로 번역한 것들이다. 아마도 예수님은 히브리어와 그리스어를 알고 계셨지만 대부분 아람어로 가르치셨고, 그래서 그리스어 신약성경 자체는 예수님의 가르침을 아람어에서 그리스어로 번역한 내용을 기록

---

9 정길수, 『현대인과 성경』, 11.
10 김동환, 『하나님을 만난 9명의 아이들』, 95.
11 "모든 성경은 하나님의 감동으로 된 것으로 교훈과 책망과 바르게 함과 의로 교육하기에 유익하니"(디모데후서 3:16).
12 김동환, 『하나님을 만난 9명의 아이들』, 96.
13 정길수, 『현대인과 성경』, 11.

하고 있다.[14] 20세기에는 수많은 새로운 번역이 나왔다. 새로운 번역의 갱신과 산출은 새로운 필사본의 발견과 영어라는 언어에서의 변화, 그리고 언어학의 발전으로 대두되었다. 오늘날 어떤 영어 성경을 펼칠 때, 현대인은 신실한 연구를 수행한 앞선 세대들이 원래 주어진 대로 성경을 유지하고 보존하기 위해 엄청난 노력을 기울였다는 사실을 알아야 한다.[15]

성경은 모든 현대인의 건강과 성장에 필수불가결하다. 성경을 등한시하는 현대인은 성숙할 수 없다. 예수님은 사람이 떡으로만 사는 것이 아니라 하나님의 말씀으로 산다고 하셨다(마태복음 4:4).[16] 영혼육으로 이루어진 인간은 육체의 건강을 위해서는 음식이 필요한 것처럼 영적 건강을 위해서 하나님의 말씀이 필요한 것이다.[17]

하나님의 계시로서 성경

인간은 미래에 대해 많은 것을 알고 싶어 한다. 그래서 인간들의 호기심을 이용한 사업이 성행한다. 지금은 첨단 과학

---

14 William A. Dembski & Michael R. Licona 편집, 『기독교를 위한 변론』, 399.
15 William A. Dembski & Michael R. Licona 편집, 『기독교를 위한 변론』, 405.
16 "예수께서 대답하여 이르시되 기록되었으되 사람이 떡으로만 살 것이 아니요 하나님의 입으로부터 나오는 모든 말씀으로 살 것이라 하였느니라 하시니"(마태복음 4:4).
17 John R. W. Stott, 『성경이란 무엇인가』, 102.

기술시대인데도 여전히 신문지상에는 오늘의 운세 난이 빠지지 않고 점집이 호황을 누린다. 그런 것을 찾고 의지하는 인간들이 많다는 것이다. 또한 미래 트렌드를 예측한다는 미래학자들의 책은 지나고 보면 별로 맞는 것이 없는데도 베스트셀러다. 미래에 대한 호기심을 이용한 마케팅이 적중한 때문이다. 역사의 미래에 대한 두 가지 그릇된 견해가 있다. 첫째, 과학 기술 발전과 함께 미래가 점점 더 좋아져 유토피아를 향해 나아간다는 진화론적 낙관주의이다. 둘째, 이 세상이 점점 나빠지니 피해야 한다는 현실도피주의이다. 그러나 성경은 역사의 시작도 마지막도 하나님에게 있다고 말한다.[18] 성경은 하나님의 책이다. 하나님의 말씀으로 인간에게 주어진 것이 성경이다.[19]

전주대학교 교의학 교수 한병수는 성경에 대하여 "성경은 하나님 자신을 우리에게 스스로 계시하신 책이다. 성경은 인간의 요청에 의한 수동적인 반응의 결과가 아니라 능동적인 은혜의 선물로 주어진 것이다"라고 하였다.[20] 성경이 하나님의 말씀이라는 사실을 전제로 할 때, 하나님은 인간과 대화하신다. 성경에서의 하나님은

---

18 이재훈, 『순전한 복음』 (서울: 도서출판 두란노, 2012).
19 Christopher J. H. Wright & Jonathan Lamb, 『성경의 숲을 거닐다』, 최성근 역 (서울: 그루터기하우스, 2011), 28.
20 한병수, 『기독교란 무엇인가』, 53.

과거부터 지금까지 인간에게 말씀하셨다.[21] 그래서 성경은 하나님의 역사에 대한 기록이다.[22] 인간은 성경을 통해 하나님과 그가 주시는 구원의 길을 발견하게 된다(디모데후서 3:15).

이 세상에서 어떤 작가가 자신의 전 생애를 할애해서 쓴 아무리 탁월한 책이라 할지라도 집필 기간은 기껏해야 100년을 넘지 못한다.[23] 그런데 성경은 무려 1600년을 아우르며 기록된 책이다. 성경은 기록한 40명의 직업과 기록한 장소가 전혀 다름에도 성경 전체의 흐름과 내용에 통일성이 있다. 그리고 한결같이 예수 그리스도에 대하여 기록하고 있는 것에 놀라지 않을 수 없다. 이러한 사실은 성경의 진정한 저자가 하나님이시며, 성경은 하나님이 자신을 인간에게 계시하기 위하여 주신 책, 즉 하나님의 말씀임을 발견하게 된다.[24] 성령의 감동을 통해 기록되었고(디모데후서 3:16), 성령의 역사로 한 책으로 엮어진 성경은 죄인의 구원과 인간의 바른 삶을 계시하고 있다(이사야 34:16).[25] 그리고 성경은 진리에 대하여 하나님에 관해 어떤 사람의 주장이나 학설이 정당한가를 판단하는 기준

---

21 Christopher J. H. Wright & Jonathan Lamb, 『성경의 숲을 거닐다』, 28.
22 임시영, 『공간의 해석학』(서울: 도서출판 예수전도단, 2016), 247.
23 한병수, 『기독교란 무엇인가』, 52.
24 성기호, 『이야기 신학』, 35.
25 "너희는 여호와의 책에서 찾아 읽어보라 이것들 가운데서 빠진 것이 하나도 없고 제 짝이 없는 것이 없으리니 이는 여호와의 입이 이를 명령하셨고 그의 영이 이것들을 모으셨음이라"(이사야 34:16).

이 된다.[26]

성경은 하나님의 자서전(autobiography)이다. 여기서 하나님은 자신을 드러내셨다. 그래서 성경에서는 주체와 객체가 동일하다. 하나님은 매우 다양한 모습으로 자신의 존재를 점진적으로 알리셨다. 구약성경에서 하나님은 만유와 인간의 창조자로, 그리고 만드신 모든 것을 유지하고 생동하게 하시는 살아계신 하나님으로, 아브라함과 이삭과 야곱과 그 후손을 택하여 자기 백성으로 삼으신 약속의 하나님으로, 노하기는 더디 하시며 용서는 속히 하시는 은혜의 하나님으로, 자기 백성과 이방 민족 가운데 있는 우상숭배와 불의를 벌하시는 공의로운 하나님으로 자신을 나타내신다.[27]

신약성경에서 하나님은 주님이자 구원자이신 예수 그리스도를 세상에 보내어 사람과 같은 본성을 지니게 하시고, 그분이 태어나 성장하고 살며 가르치고 일하고 고통받고 죽고 부활하고 보좌를 취하고, 성령을 보내게 하신 그분의 아버지로, 그리고 새 약속의 공동체인 교회의 하나님으로서 자신의 백성을 세상에 보내어 그들이 성령의 권능을 통해 자신의 증인이자 종이 되게 하신 분으로, 또한 언젠가 새 우주를 창조하고, 결국에는 모든 이들에게 모든 것 되실 예

---

26 성기호, 『이야기 신학』, 35.
27 John R. W. Stott, 『성경이란 무엇인가』, 108.

수 그리스도를 보내어 구원하고 심판하고 통치하게 하실 하나님으로 자신을 드러내신다.[28] 이 장엄한 삼위일체 하나님의 계시는 인간을 감동하게 함으로써 하나님을 경배하게 하는 것이다.[29]

여기서 계시(啓示)라 함은 '감추인 것을 드러내는 것', '베일을 벗김' 등의 뜻이 있다. 프랑스의 철학자 파스칼(Pascal, 1623~1662)은 계시에 대하여 말하기를, "숨겨진 하나님(a hidden God)"이라고 하였다.[30] 영의 존재인 하나님이 자신을 인간에게 계시해 주시지 않으면 인간은 하나님을 알 수가 없다. 그런데 숨겨진 하나님이 베일을 벗고 인간에게 자기 자신을 알려 주실 때 인간은 하나님을 알 수 있게 되는 것이다. 이러한 계시를 통해 인간은 하나님을 예배하게 되고 구원에 이르는 지혜를 얻게 된다.[31]

루이스 월리스(Lewis Wallace, 1827~1903)는 유명한 영화로 제작된 역사 소설 『벤허』(Ben Hur)[32]의 저자다. 이 책은 예수님을 믿지 않는 사람에게도 큰 감동을 주었다. 특히 예수님이 십자가에 못 박혀 돌아가시는 장면과 부활의 현장 묘사는 그야말로 예술적이다. 월리스는 원래 예수님의 부활을 믿지 못해 도서관을 뒤지며 반박할 근거

28 John R. W. Stott, 『성경이란 무엇인가』, 108-109.
29 John R. W. Stott, 『성경이란 무엇인가』, 109.
30 성기호, 『이야기 신학』, 30-31.
31 성기호, 『이야기 신학』, 31.
32 부제목은 《그리스도의 이야기》(A tale of the Christ)로 출간되었다.

를 찾아다니던 무신론자였다. 그런데 성경을 부정하기 위해 반복해서 읽다가 결국 무릎을 꿇고 말았다. 월리스는 완전히 변화 받아 하나님 앞에 새사람이 되었다. 그런 다음에 쓰게 된 소설이 바로 『벤허』다.[33] 그래서 인간은 반박할 수 없는 진리이신 하나님의 위대하심과 그분의 영광, 그리고 은혜의 위대함을 잠시라도 보게 되면, 존경의 마음으로 그분 앞에 엎드려 자신의 입술과 마음과 삶을 드리게 된다. 인간은 조금이라도 주의 깊게 성경을 읽고 나면 하나님을 경배하지 않을 수 없다. 그것은 바로 하나님의 말씀인 성경이 인간에게 하나님을 경배하도록 이끌기 때문이다.[34]

구원의 약속으로서 성경

성경은 구원의 책이다. 하나님이 인간에게 성경을 주신 목적은 인간으로 하여금 그리스도 예수 안에 있는 믿음으로 말미암아 구원에 이르는 지혜가 있게 하기 위해서다(디모데후서 3:15).[35] 성경은 인간에게 예수의 이야기를 들려준다. 구약성경은 예수를 예

---

33 옥한흠, 『옥한흠 목사의 다시 복음으로』 (서울: 도서출판 은보, 2015).
34 John R. W. Stott, 『성경이란 무엇인가』, 109.
35 "또 어려서부터 성경을 알았나니 성경은 능히 너로 하여금 그리스도 예수 안에 있는 믿음으로 말미암아 구원에 이르는 지혜가 있게 하느니라"(디모데후서 3:15).

언하고 예표하고 있음을 보여 준다. 그리고 신약성경은 예수가 이 땅에서 하신 사역을 기술하고 예수의 인격과 사역의 완전함을 보여 준다. 성경은 예수를 인간에게 있어서 완전한 구원자로 제시하는 데 그치지 않는다. 성경은 예수에게로 가서 그를 믿으라고 촉구한다. 그리고 인간은 그렇게 함으로써 죄를 용서받고 자유를 주시는 성령을 선물로 받을 것이라고 약속한다.[36]

그래서 성경은 구원의 약속으로 가득 차 있다. 성경은 예수 그리스도의 부르심에 반응하는 인간에게 새로운 공동체 안에서 누리는 새로운 삶을 약속한다. 예수는 세족식 장면에서 제자 베드로에게 "너희가 깨끗하다"라고 말씀하며, 이러한 약속을 하셨다(요한복음 13:10).[37] 분명히 베드로는 자신을 깨끗하게 씻어 주셨다는 약속을 완전히 이해했고 믿었다. 심지어 그는 예수를 부인한 이후에도 예수에게 거부당하지 않았다. 물론 베드로는 회개해야 했고 죄를 용서받아야 했으며, 새로운 사명을 위임받아야 했다. 하지만 다시 목욕할 필요는 없었다. 이미 깨끗하게 씻어졌기 때문이다. 이러한 예수의 말씀은 분명히 베드로의 마음에 새 힘을 주고, 계속되던 양심

---

36 John R. W. Stott, 『성경이란 무엇인가』, 109-110.
37 "예수께서 이르시되 이미 목욕한 자는 발밖에 씻을 필요가 없느니라 온 몸이 깨끗하니라 너희가 깨끗하나 다는 아니니라 하시니"(요한복음 13:10).

의 괴로움을 가라앉혀 주었을 것이다.[38]

인간의 품에도 약속이라는 열쇠가 있다. 하나님은 성경을 통해 그것을 인간에게 주셨다. 하나님의 약속은 믿음으로 의지함으로써 죄에서 자유로워질 수 있다는 것이다. 인간은 혼란스러울 때에는 하나님이 인도하신다는 약속을, 두려울 때에는 하나님이 보호하신 다는 약속을, 외로울 때에는 하나님이 함께하신다는 약속을 의지하 는 법을 배워야 한다. 하나님의 구원 약속은 인간의 마음과 생각을 지켜 준다는 것이다.[39]

미국 최초의 대륙횡단 철도를 건설한 철도왕이자, 전 상원의원 을 지낸 릴런드 스탠퍼드(Leland Stanford, 1824~1893)는 결혼 18년 만 에 아들을 얻었다. 그의 나이 44세, 아내가 40세에 어렵사리 얻은 아들이다. 그런데 아들이 열다섯 살 때 갑자기 건강이 나빠지자 아 내가 아들의 치료를 위해 유럽으로 떠났다. 하지만 여행 중 장티 푸스에 걸려, 1년간 더 앓다가 열여섯 살에 죽고 말았다. 스탠퍼드 는 아들을 잃고 식음을 전폐할 정도로 비탄에 빠졌다. 그러던 어느 날 아들이 꿈에 나타나 "아빠, 슬퍼하기에는 할 일이 많아요. 하나 님과 이웃을 위해 사세요"라고 말했다. 잠에서 깬 스탠퍼드는 정신

---

38 John R. W. Stott, 『성경이란 무엇인가』, 110.
39 John R. W. Stott, 『성경이란 무엇인가』, 112-113.

이 번쩍 들어 절망에서 빠져나왔다. 그리고 이 나라의 불쌍한 아이들이 곧 내 아이들이라는 생각으로 1885년 대학을 건립하고 아들의 이름을 따서 '릴랜드 스탠퍼드 주니어 대학교'(Leland Stanford Junior University)라고 명명했다. 지금은 이를 줄여 스탠퍼드대학교(Stanford University)[40]라고 부른다.

이 대학 내 중심 건물인 스탠퍼드대학교 기념교회 벽에는 이런 글귀가 새겨져 있다. "하나님은 고통을 통해 인간에게 가장 가까이 다가오신다. 또한 고통을 통해 인간이 하나님께 가장 가까이 다가간다." 스탠퍼드는 친아들의 죽음으로 인해 수많은 청년들의 아버지가 되었다. 구원의 하나님은 독생자 예수 그리스도를 십자가 죽음에 내어 주심으로써, 고아처럼 버려진 인간의 아버지가 되어 주신다. 그 사랑의 아버지 품 안에 있을 때 인간은 가장 안전하며 평안할 것이다.[41]

이처럼 하나님이 어떤 분인지 알려 주는 것은 바로 성경이다. 성경이 인간의 손에 있다는 것이 얼마나 큰 축복인지 모른다. 성경

---

40 스탠퍼드대학교는 세계적인 첨단 산업 기지인 실리콘 밸리가 학교 가까운 곳에 위치에 있다. 실리콘 밸리의 구글, 야후, 휴렛 팩커드, 썬 마이크로시스템즈, 시스코 시스템즈, 또한 스포츠 회사 나이키의 창업자가 모두 이 학교 출신이다. 지금까지 58명의 노벨상 수상자들이 학생이나 교수로 스탠퍼드대학교를 거쳐 갔으며, 지난 2016년까지 9명의 노벨상 수상자와 11명의 미국 과학상 수상자들이 몸담고 있다.
41 유재필, 『뿌리 깊은 신앙』 (서울: 도서출판 두란노, 2017).

은 과거와 오늘에 관심을 기울인다. 성경의 메시지는 하나님에게서 나오고, 그리스도에게 초점을 맞추며, 성령에 의해 인간 저자들을 통해 말로 표현되었다. 성경이 실제적으로 얼마나 유용한지는 오늘날 모든 인간이 성경의 신적 기원과 목적을 어떻게 받아들이는지에 달려 있다.[42] 따라서 인간이 성경을 어떻게 생각하는지는 매우 중요하다고 하겠다.

기독교가 무엇인가를 아는 방법은 성경을 읽고 아는 데 있다. 영국의 철학자 존 로크(John Locke, 1632~1704)가 죽기 며칠 전 어느 청년이 그를 찾아와 "진정한 기독교를 알려면 어떻게 해야 하는가?"라고 물었다. 이때 존 로크는 "청년이여, 먼저 성경을 읽으시오. 특히 신약성경을 열심히 읽으시오. 신약성경에는 영원한 생명이 가득 차 있소. 하나님이 생명의 책인 성경의 저자이시고, 그 속에는 구원의 길과 순수한 진리가 가득 차 있기 때문입니다"라고 하였다. 참으로 생명을 얻는 길, 기독교를 이해하는 길이 성경 속에 있음을 가르쳐 주는 말이다.[43]

성경에 대한 심층적인 이해는 서구 문화의 산물들을 이해하는 데 도움이 된다. 예를 들면, 서구의 유명한 문학 작품들이나 미술과

---

42 John R. W. Stott, 『성경이란 무엇인가』, 119–124.
43 John R. W. Stott, 『성경이란 무엇인가』, 49.

음악 심지어 영화 등에 성경에서 나오는 내용을 주제나 모델로 삼는 경우가 허다하다. 또한 비록 서구인이 아니더라도 서구 문화의 영향을 강하게 받은 작품들에서도 성경적인 요소가 많이 나타나 있다. 비록 기독교이든 비기독교이든 여러 가지 매개체를 통하여 직간접적으로 성경의 영향을 받고 있다.[44] 하나님의 감동으로 된 성경은 인간에게 교훈과 책망과 바르게 함과 의로 교육하기에 유익하여 구원에 이르는 지혜를 주고, 구원받은 하나님의 백성으로 하여금 온전한 하나님의 사람이 되게 하며 모든 선한 일을 행하기에 부족함이 없도록 이끌어 줄 것이다.[45]

영국 치체스터대학교(Chichester University)의 신학 교수 스티브 모이스(Steve Moyise)는 성경의 중요한 기능에 대하여 말하기를, "성경은 하나님과 관련이 있으며, 가르침, 책망함, 바르게 함, 의로 교육함을 통하여 인간들이 하나님을 섬기도록 준비시키는 기능을 한다. 성경은 인간에게 모든 선한 일을 위하여 잘 갖추어진 능숙한 사람이 되는 데 필요한 것을 제공해 준다"라고 하였다.[46] 구원의 약속과 관련 있는 성경은 인간에게 지식을 주며, 인간이 어떻게 살아야 할

---

44 김광률 외 5인, 『현대인과 성서』 (대전: 한남대학교 출판부, 1997), 13-14.
45 성기호, 『이야기 신학』, 49.
46 Steve Moyise, 『성경 연구 입문』, 유창걸 역 (서울: CLC, 2015), 21.

지를 보여 주고 인간에게 구원의 길을 드러낼 뿐만 아니라 인간에게 하나님을 드러내는 기능을 하고 있다.[47]

결과적으로 현대인에게 성경은 필요한가에 대하여 살펴보았다. 성경은 현대인들의 자아 형성과 바른 가치관을 정립하는데 유용한 참고자료를 제공한다. 예를 들면, "나는 누구인가?", "나는 어떤 일에 적합한 사람일까?" 등등 자아에 관한 질문이 집요하게 일어나는 현대인들에게 성경은 아주 유익한 자원이 된다. 그것은 성경이 자아 형성의 모범 사례와 실패 사례들로 가득 찬 고전이기 때문이다. 이러한 점에서 볼 때 현대인에게 성경을 공부하는 것은 목적의 가장 중요한 부분을 성취하는 셈이다.[48]

그래서 성경은 현대인을 위한 책이다. 성경이 하나님의 말씀이라면 현대인에게 성경은 절대적으로 필요하다. 오히려 과거 어느 때보다도 현대인은 성경을 더 필요로 한다. 그 이유인즉, 인간은 성경이 하나님의 말씀임을 믿기 어려워하기 때문이다. 성경을 믿기 어려워하는 것은 인간의 세계관과 가치관이 지나치게 과학적 지식에 영향을 받고 있을 뿐만 아니라 그것에 지배를 받고 있다는 것을

---

47 Steve Moyise, 『성경 연구 입문』, 23-31.
48 김회권 외 4인, 『현대인과 성서』 (서울: 숭실대학교 출판부, 2007), 19.

뜻한다.[49] 과학적인 방법은 우주를 그 기원과 기능 모두에 있어서 목적 없는 물리적인 과정으로 이루어진 닫힌 체계라고 가정한다. 많은 과학자들은 이러한 가정을 궁극적인 진리로 받아들이기 때문에 여전히 그것이 진리인 것처럼 과학이 기능하는 것이 필수적이라고 생각한다.[50]

그러므로 이러한 과학적인 방법은 수용하지 못하는 현실의 풍부함과 다양한 양상들, 그리고 내용들을 모두 잃어버리거나 무시한다. 특히 인간의 삶에서 가장 절실한 문제들이라고 할 수 있는 죄, 고통, 사랑, 삶의 의미, 죽음, 슬픔, 기쁨 등은 사사로운 문제들로 취급하고 무시된다. 바로 이러한 현대인에게 성경은 필요하다.[51] 그것은 과학적인 방법에서 무시되는 죄, 영혼, 고통, 죽음, 사랑, 구원에 대하여 성경은 말해 줄 수 있으며, 그러한 가르침은 인간을 변화시키고 반성하게 한다. 그리고 삶의 방향과 인간의 미래와 소망에 대해 말해 줄 수 있으며, 인간의 삶을 아름답고 감격스러운 것으로 만드는 사랑을 가르쳐 준다.[52]

이것은 성경이 인간의 뿌리와 원천을 기억하게 함으로써 진정

49 손봉호, 『나는 누구인가』, 89-90.
50 William A. Dembski & Michael R. Licona 편집, 『기독교를 위한 변론』, 239.
51 손봉호, 『나는 누구인가』, 90.
52 손봉호, 『나는 누구인가』, 90.

한 인간의 모습을 회복하게 하기 때문이다.[53] 무엇보다 성경은 과학적인 지식을 부정하거나 논쟁하자는 것이 아니라 과학적 지식과 그러한 사고방식의 위치와 한계를 깨닫게 함으로써 오히려 그것을 보충해 준다. 인간의 삶 전체를 알기 위해서는 인간 세계를 초월하는 하나님의 말씀인 성경이 제공해 줄 수 있는 것이다.[54]

---

53 문시영 · 최태수, 『클릭! 바이블』(서울: 북코리아, 2006), 28.
54 손봉호, 『나는 누구인가』, 90.

chapter
07

인문학으로 톺아보기 :
구원은
왜 필요한가?

이 세상에는 참으로 많은 종교들이 있다. 한결같이 종교들은 인간의 구원을 목표로 하고 있다. 고대 원시종교(primitive religion)로부터 시작해서 문명의 최첨단을 걷는 오늘날 많은 종교들도 인간의 구원에 관해 가르치지 않는 종교는 아마 없을 것이다. 그것은 구원의 개념이야말로 모든 종교의 본질이고 관심사이기 때문이다. 물론 종교에 따라 구원 개념은 조금씩 차이가 있으나 구원에 이르는 수단이나 방법 또한 다양하다.[1] 인간에게 구원이 필요하다는 말은 구원의 대상인 그가 지금 위험한 상황

---

1 호남신학대학교 편, 『구원이란 무엇인가?』 (서울: 한국장로교출판사, 2002), 9.

에 처해 있다는 것을 의미한다. 예를 들면, 구원을 구출이라는 단어로 바꿔 생각해 보자. 그 의미가 더욱더 쉽게 다가올 것이다.[2]

　꽤 오래전 무인도에 표류해 있다가 10년 만에 구출된 사람이 있었다. 몰려든 기자들이 그에게 이렇게 물었다. "그동안 무엇이 가장 그리웠습니까?" 그는 낮은 소리로 짤막하게 이렇게 대답했다. "나를 부르는 소리입니다." 목소리가 너무 작아 제대로 알아듣지 못한 기자들이 다시 한 번 그의 이름을 부르며 물었다. 그는 자기 이름을 부르는 기자들의 소리가 대단히 감미롭다는 듯 가만히 귀 기울여 듣고 있다가 조용해지자 다시 이렇게 말했다. "지금 당신들이 나의 이름을 부르듯 누군가 나의 이름을 불러 주는 것이 너무나도 그리웠습니다." 이처럼 인간은 누군가가 나를 불러 줄 때 나의 존재 가치를 느끼게 되는 것이다.[3]

　성경에서 하나님은 인간의 이름을 부르시는 분이다. 하나님은 인간이 젊고 건강할 때뿐만 아니라 늙고 병들었을 때도, 실패했을 때도 다가와 인간의 이름을 불러 주신다. 하나님은 죄를 짓고 두려워 숨은 아담을 찾아와 이름을 부르셨다. 복의 통로로 삼고자 아브라함을 부르셨다. 이스라엘을 구원하고자 모세를 부르셨다. 성경은

2　조현삼, 『목사님, 구원이 헷갈려요』 (서울: 생명의말씀사, 2014), 13.
3　박정근, 『마가복음에서 예수 그리스도를 만나라』 (서울: 도서출판 디모데, 2013).

곧 하나님의 구원의 책이다.[4] 사실 성경의 메시지는 창세기로부터 요한계시록까지 한 가지 키워드를 향해 흘러가고 있다. 그것은 예수가 구원을 위해 오셨고, 인간에게 구원을 선물로 주셨다는 것이다. 그것이 이 땅 가운데 어떤 변화를 일으키는지 인간이 볼 수 있도록 하기 위해 십자가를 지셨고, 부활하셨고, 인간에게 말씀하신 바를 기억나게 하려고 성령을 보내 주셨다. 예수가 그 짧은 생애 동안 무엇을 하셨는지를 정확히 안다면 인간의 삶은 그 이전과 이후가 같을 수 없다. 그것이 바로 구원이다.[5]

예수의 성육신과 공생애, 그리고 십자가와 부활이 모두 인간을 위한 구원이다. 구원이라는 단 한 가지 주제가 성경 전체를 관통하고 있다. 인간은 누군가를 사랑하면 어떻게 하는가? 무엇인가를 주고 싶어 한다. 가장 소중한 것을 주고 싶어진다. 하나님도 인간에게 주고 싶어 애가 타신다. 가장 중요한 것, 반드시 필요한 것, 없으면 못 사는 것을 주기 원하신다. 성경은 그것을 구원이라고 알려 준다.[6] 예를 들어, 서로 모르는 사람들이 그리스도인이라는 이름으로 매주일 교회에 모여 함께 예배라는 것을 드린다. 때로는 아침저녁

---

4 박정근, 『마가복음에서 예수 그리스도를 만나라』.
5 조정민, 『왜 구원인가?』 (서울: 도서출판 두란노, 2015), 12.
6 조정민, 『왜 구원인가?』, 12-13.

에 만나 예배를 드리기도 한다. 왜 기독교인들이 그렇게 시간을 허비하며 사는가? 그것은 단 하나 구원받았기 때문이다. 구원받은 것이 기적과 같이 놀랍기에, 구원받은 것이 감사하기 때문에 하나님께 예배한다.[7] 따라서 궁극적으로 기독교가 선포하는 종교로서의 구원에 대하여 살펴보고자 한다.

현대인을 위한 구원

현대인은 거짓, 불의, 증오, 개인적인 결핍이나 아픔, 이웃과의 갈등, 그리고 사회적 차원, 국가적 차원, 국제적 차원에서의 갈등 등 여러 가지 모양으로 나타나는 악과 고난에 둘러싸이고 짓눌려 있다. 이러한 악과 고난의 문제는 죽음의 증상들로서 대개 인간이 겪는 최대의 악이요, 고난이라고 할 수 있다.[8] 한국이 낳은 세계적인 신학자요, 미국 풀러신학대학교(Fuller Theological Seminary)의 신약학 교수 김세윤은 구원에 대하여 말하기를, "모든 악과 고난에서 해방되는 것이다"라고 하였다.[9]

---

7 조정민, 『왜 구원인가?』, 13.
8 김세윤, 『구원이란 무엇인가』 (서울: 두란노아카데미, 2015), 11.
9 김세윤, 『구원이란 무엇인가』, 11.

인간은 감기에 걸리면 목이 따갑거나 콧물이 나며, 머리에 통증을 호소하는 등 감기에 대한 여러 증상이 나타나게 된다. 그러한 증상들이 나타나면 인간은 감기에 걸렸으며, 감기의 병균이 인간의 몸속에 역사하고 있음을 안다. 마찬가지로 죽음의 병균이 인간 속에서 역사하여 노쇠 현상들과 질병들을 유발시켜 온갖 형태의 악과 고난을 낳는다.[10]

모든 악과 고난의 현상들은 죽음의 증상들이며, 인간이 그런 악과 고난에 짓눌리고 있다는 것은 인간이 지금 죽음의 힘 아래 놓여 있고, 감기에 걸리듯 인간이 죽음에 걸려 있다는 것을 의미한다. 그러므로 인간은 지금 살아 있다고 하지만 사실은 벌써 죽음에 걸려 있는 자들이며, 팔구십 평생 또는 백 세를 지내고 무덤에 이르는 것은 인간 가운데 지금 역사하는 죽음의 병균이 확산되어 인간의 존재를 완전히 점령한 결과로 나타난다. 이런 점에서 인간의 수명이 다하여 육신이 죽는 것은 인간의 현재가 죽음의 상태임을 재확인하는 데 그치지 않는다.[11]

그래서 성경에서는 악과 고난에 짓눌려 있는 인간을 '죽은 자'라고 말한다. 사람들이 보통 말하듯이 육신적으로는 살아 있지만 영

---

10 김세윤, 「구원이란 무엇인가」, 12.
11 김세윤, 「구원이란 무엇인가」, 12.

적으로는 죽어 있다는 의미에서가 아니라 인생이 죽음의 권세 아래 놓여 있다는, 또는 죽음의 병균에 의해 점령당하여 가는 상태에 놓여 있다는 의미로 성경은 인생이 죽어 있다고 말하는 것이다. 이러한 죽음과 그 증상들이 모든 악과 고난에서 해방되는 것이 바로 구원이다.[12] 원어로 살펴보면, 구원(salvation)이라는 말은 그리스어로 '소테리아'(σωτηρια)라고 부르며, '구조'(rescue), '구제'(deliverance), '보호'(protect), '안전'(secure)의 뜻 또한 있다.[13] 이것은 실제적이거나 잠재적인 위험이나 손실에서 자유로운 보존과 안녕을 의미하며, 하나님의 계획하심이나 절차와 관련하여 구원하심에 대해, 그리고 예수 그리스도의 역할과 관련된다.[14]

아울러 사회적인 만족과 조화를 포함한다. 이러한 상태를 더 강조하여 라틴어의 구원이라는 말은 '살루스'(salus)로 개인과 국가 간의 상호교환적인 교류를 말하며, 인간의 구원과 건강 그리고 안전을 의미하기도 한다.[15] 기독교의 구원에 대한 근본적인 이해는 예수 그리스도가 인간을 위한 구원으로 인간의 몸을 입고 오셨으며, 하나님의 어린양 예수가 죗값으로 주어졌고 십자가에서 죽으셨으며,

---

12 김세윤, 『구원이란 무엇인가』, 12–13.
13 도서출판 목양 편집부, 『신약 헬라어 사전』 (용인: 도서출판 목양, 2012), 561.
14 Frederick William Danker, 『신약성서 그리스어 사전』, 540.
15 한국조직신학회, 『구원론』 (서울: 대한기독교서회, 2015), 26–27.

부활하셨다는 것이다.[16]

연세대학교 조직신학 교수였던 김균진은 구원에 대하여 말하기를, "성자이신 예수의 사역은 창조의 세계를 위한 구원에 있다. 구원을 위해 성자 예수는 인간의 몸을 입으시고 심판을 대신 당하심으로 하나님과 인간을 화해시키고 인간을 구원하신다. 구원은 죄의 용서와 창조의 완성을 의미한다"라고 하였다.[17] 인간의 구원을 위해서 성부 하나님은 그의 아들 성자 예수님을 이 세상에 보내셨고, 성자 예수님의 순종하심에 따라 그를 인간의 구원을 위해 인간이 되게 하셨다. 성령 하나님은 인간에게 이 사건의 의미를 알게 하셔서 개인적인 것이 되게 하셨다.[18]

그리고 기독교적인 구원($\sigma\omega\tau\eta\rho\iota\alpha$)의 개념은 복합적인 사고로서 사회복지 상황과 맞물려 요구되었다. 이러한 하나님의 사랑은 전 우주를 구원의 대상으로 삼는다는 전제이다. 그래서 구원은 인간뿐만 아니라 전 우주적인 복지와 함께 사고하도록 노력해야 한다. 구원의 문제는 주어진 과제로서 인간의 삶의 만족스럽지 못한 상황에까지 전개되어 고통과 재난, 그리고 억압과 구속함을 받음 등이

---

16 한국조직신학회, 『구원론』, 29.
17 김균진, 『기독교조직신학』 (서울: 연세대학교출판부, 1984), 249.
18 한국조직신학회, 『구원론』, 30.

다.[19] 이것으로부터 인간의 구원에서 자유는 무엇보다 중요한 의미를 갖는다. 이러한 자유에 근거를 두는 구원은 구원과 복지뿐만 아니라 구원과 인간의 행복에까지 지평을 넓혀야 할 것이다.[20]

믿음을 통한 구원

일반적으로, 예수를 사대성인(四大聖人) 가운데 한 분으로 믿는 사람들이 있다. 예수를 정의의 사도로 알고 믿는 사람도 있다. 예수를 가난하고 병든 자들을 위해 살다 간 위대한 분으로 알고 믿는 사람도 있다. 예수를 선지자 중의 한 사람으로 믿는 사람도 있다. 이런 사람들의 경우는 예수나 교회에 호의적이다. 그러나 이러한 믿음은 구원에 이르는 믿음이 아니다. 무엇보다 구원을 받기 위해서는 하나님이 성경을 통해 인간에게 가르쳐 주시는 예수가 누구인지를 알고, 그 예수를 믿어야 한다.[21] 성경은 구원을 받는 방법에 대해 아주 분명하게 일러 준다. 구원은 예수를 믿음으로 받아 들이는 것이다(사도행전 16:31).[22] 구원에 이르는 믿음은 자신이 스스로

---

19 한국조직신학회, 「구원론」, 35-36.
20 한국조직신학회, 「구원론」, 36.
21 조현삼, 「구원 설명서」 (서울: 생명의말씀사, 2016), 47.
22 "이르되 주 예수를 믿으라 그리하면 너와 네 집이 구원을 받으리라 하고"(사도행전 16:31).

구원할 수 없는 죄인이라는 사실을 먼저 인정하는 것이다.

구원을 얻기 위해서는 왜 죽음에 걸리게 되는지를 생각해 보아야 한다. 그래서 바울은 "죄의 삯은 사망(죽음)"이라고 하였다(로마서 6:23).[23] 죽음은 죄의 대가로서, 인간이 죄를 지으면 인간에게 분명히 죽음이 주어진다는 것이다. 죄라고 하면 일반적으로 여러 가지 구체적인 실행을 죄로 생각한다. 물론 남을 증오하고 악을 도모하는 등 생각하는 죄, 남에게 욕하여 상처를 주고 거짓말을 하며 해를 끼치는 말로 짓는 죄, 남을 때리고 남의 것을 빼앗는 등 행동으로 짓는 죄가 죄임에 틀림이 없다. 그러나 그러한 것들은 죄의 본질에 대한 형상에 불과하다.[24]

미국 풀러신학대학교 신약학 교수 김세윤은 죄의 본질에 대하여 말하기를, "하나님에 대한 인간의 옳지 않은 태도이다"라고 하였다.[25] 미국 트리니티국제대학교(Trinity International University) 설교학 명예교수 데이비드 라센(David L. Larsen)은 죄에 대하여 말하기를, "하나님을 배제하는 자기주장이다"라고 하였다.[26] 이와 같이 자기중심적인 위험을 잘 보여 주고 있는 인간을 구원하기 위하여 예수

---

23 "죄의 삯은 사망이요 하나님의 은사는 그리스도 예수 우리 주 안에 있는 영생이니라"(로마서 6:23).
24 김세윤, 『구원이란 무엇인가』, 13-14.
25 김세윤, 『구원이란 무엇인가』, 14.
26 Kim Seyoon 외 6인, 『탐욕의 복음을 버려라』, 김형원 역 (서울: 새물결플러스, 2012), 147.

그리스도의 죽음은 인간의 죄에 대한 몸값을 치른 것이다. 죄의 노예 된 인간의 대가를 예수는 지불하고 사셔서 인간을 해방시켰다.[27] 그래서 예수는 자기 목숨을 대속물, 즉 몸값이라고 하였다(마가복음 10:45).[28] 이러한 예수를 자신의 주(Lord)와 구주(Savior)로 인정하는 것은 믿음을 통한 구원에 대한 올바른 이해라고 하겠다.

인도의 유명한 전도자였던 선다 싱(Sundar Singh, 1889~1929)은 예수를 믿은 후에 집안에서 심한 반대에 부딪혔다. 작은 아버지가 선다 싱을 불러 놓고 말했다. "나는 아들도 딸도 없다. 네가 내 아들이 되어 다오. 그러면 내 재산을 다 네게 주겠다." 사실 작은 아버지는 엄청난 부자였다. "단 한 가지 조건이 있다. 예수만 믿지 말아라. 이 엄청난 땅과 재산과 보물들을 다 줄 테니 예수만 믿지 말아라." 선다 싱은 이렇게 대답했다. "이 세상을 다 준다고 해도 예수는 버릴 수 없습니다." 작은 아버지는 화가 나서 다시는 집에 발도 들여놓지 말라고 하면서 그래도 조카니 마지막으로 밥이나 먹고 가라고 했다. 선다 싱은 그 밥을 먹고 쓰러졌다. 독이 들어 있었던 것이다. 선다 싱은 뒹구는데 한 선교사가 이를 알고 달려와 해독하고 그의 생명을 구해 주

---

27 김세윤, 『구원이란 무엇인가』, 56~57.
28 "인자가 온 것은 섬김을 받으려 함이 아니라 도리어 섬기려 하고 자기 목숨을 많은 사람의 대속물로 주려 함이니라"(마가복음 10:45).

었다. 그 후에도 선다 싱에게는 수많은 환난과 핍박이 있었다. 그가 만약 믿음에 굴복했다면 수많은 열매를 맺지 못했을 것이다.[29]

성경에서의 구원은 행함으로 얻는 것이 아니라 믿음으로 얻는다. 인간은 구원을 행함이 아닌 믿음으로만 가능하다고 한다면 기독교를 비도덕적이고 수준 이하의 종교로 의심한다. 그것은 인간이 행함을 가치 있고 중요한 것으로 인식하고 있기 때문이다.[30] 물론 기독교에서는 행함을 중요하게 여긴다. 하지만 하나님은 그 행함을 통해서 구원과 연결시키지는 않으신다. 왜냐하면 하나님은 인간을 사랑하는 아버지이시기 때문이다. 부모는 자식에게 행함을 요구하고 가르친다. 그러나 행함으로 자신과의 관계를 유지하는 것은 아니다. 다시 말해, 행함이 어느 수준 이상이면 자식으로 인정하고, 행함이 어느 수준 이하로 내려가면 자식으로 인정하지 않는 것이 아니라는 것이다.[31] 부모와 자식 간에도 물론 행함은 중요하다. 그러나 그것이 자식과 부모 사이에서 관계를 맺고 끊는 데까지 작용되는 것은 아니다. 만일 행함의 기준으로 부모와 자식의 관계를 결정한다면 그 부모는 참된 부모가 아닐 것이다.[32]

---

29 지용수, 『성도의 행복』 (서울: 쿰란출판사, 2002).
30 김동호, 『크리스천 베이직』, 119.
31 김동호, 『크리스천 베이직』, 119.
32 김동호, 『크리스천 베이직』, 119-120.

구원은 하나님과의 관계 회복이라고 정의할 때, 행함으로는 그 하나님과의 관계를 회복할 수 없다. 하나님과의 관계는 믿음으로만 회복할 수 있다. 하나님과의 관계적인 회복의 조건으로 행함을 이야기하면 그것만으로도 이미 부자의 관계가 끊어지기 때문이다. 그래서 누가복음 15장에서 탕자의 비유는 회개하고 아버지께로 돌아오는 것만으로 부자의 관계를 회복할 수 있었다. 아버지는 그에게 그동안 아들이 탕진한 빚의 청산을 부자의 관계를 통한 회복의 조건으로 내세우지 않았다. 그것은 아들의 아버지이기 때문이다.[33]

이와 마찬가지로, 하나님은 우리 아버지이시다. 그러므로 누구든지 자기 죄를 회개하고 다시 아버지께로 돌아가 하나님을 아버지라고 부르기만 하면 값없이 모든 죄를 사함 받고 구원을 얻게 된다(로마서 10:13).[34] 하나님은 구원을 인간에게 그냥 값없이 은혜로 주신다. 그것은 당연한 일이다. 그래서 구원은 믿음으로 얻는 것이지 행함으로 얻는 것이 아니다.[35] 이러한 구원은 인간을 대신하고 대표하여 돌아가시고 부활하신 예수 그리스도를 믿음으로 얻어지는 것이다.[36]

---

33 김동호, 「크리스천 베이직」, 120–121.
34 "누구든지 주의 이름을 부르는 자는 구원을 받으리라"(로마서 10:13).
35 김동호, 「크리스천 베이직」, 121.
36 김세윤, 「구원이란 무엇인가」, 81.

은혜를 통한 구원

구원은 오직 하나님의 은혜로 얻는다.[37] 미국의 유명한 저술가이자 목사인 에이든 토저(Aiden W. Tozer, 1897~1963)는 은혜에 대하여 말하기를, "아무 자격도 없는 이들에게 축복을 베푸시는 하나님의 선하심이다"라고 하였다.[38] 20세기 미국 개혁신학자이자 칼빈신학대학교(Calvin Theological Seminary) 조직신학 교수였던 루이스 벌코프(Louis Berkhof, 1873~1957)는 은혜에 대하여 말하기를, "성령을 통해 인간의 마음에서 값없이 이루어지는 하나님의 사역이다"라고 하였다.[39]

이렇게 은혜는 하나님의 호의라는 개념에 근거한다. 예를 들면, 구약성경에 등장하는 방주를 만들었던 노아는 하나님께 은혜를 입었다(창세기 6:8).[40] 은혜는 히브리어로 '헨'(חֵן)으로 '호의를 보이다', '긍휼히 여기다'라는 뜻이다. 신약성경에서는 그리스어로 '카리스'(χαρις)[41]인데, '은혜'(grace), '호의'(favor), '감사'(thanks), '축복'(blessing)을 뜻한다.[42] 사실 은혜는 그 이상의 의미를 지니는 것으

---

37 김동호, 『크리스천 베이직』, 124.

38 Aiden W. Tozer, *The Knowledge of the Holy* (New York: Harper & Row, 1961), 100.

39 Louis Berkhof, *Systematic Theology* (Grand Rapids: Eerdmans, 1939), 427.

40 "그러나 노아는 여호와께 은혜를 입었더라"(창세기 6:8).

41 카리스는 신약성경에서 모두 155회 나타나며, 그 가운데 100회가 바울서신에서 사용되었다.

42 Frederick William Danker, 『신약성서 그리스어 사전』, 593.

로서 단지 관대한 호의 정도가 아니라 진노의 대상인 죄인을 향해 베푸는 호의를 가리킨다. 낯선 이에게 친절을 베푸는 것을 관대한 호의라고 한다면, 은혜는 원수를 선대하는 것을 의미한다.[43]

은혜는 하나님이 먼저 죄인들에게 주권적으로 베푸시는 호의를 의미한다(에베소서 1:5-6).[44] 이러한 은혜가 하나님의 속성이다. 본질상 하나님은 은혜 베풀기를 기뻐하신다(시편 112:4; 요엘 2:13).[45] 그래서 구원은 은혜로 된 것이기 때문에 인간은 자랑할 것이 없으며, 오직 하나님의 은혜에 감사할 뿐이다.[46] 이렇게 은혜는 하나님의 선물인 것이다(야고보서 4:6).[47]

종교개혁자들은 종교개혁(Protestant Reformation)을 하면서 5대 강령을 부르짖었는데, '오직 성경'(*Sola Scriptura*),[48] '오직 그리스도'(*Solus*

---

43 누가복음 6:27-36을 참고하라.
44 John MacArthur, 『하나님의 은혜』, 조계광 역 (서울: 생명의말씀사, 2012), 9-10.
　　"그 기쁘신 뜻대로 우리를 예정하사 예수 그리스도로 말미암아 자기의 아들들이 되게 하셨으니 이는 그가 사랑하시는 자 안에서 우리에게 거저 주시는 바 그의 은혜의 영광을 찬송하게 하려는 것이라"(에베소서 1:5-6).
45 "정직한 자들에게는 흑암 중에 빛이 일어나나니 그는 자비롭고 긍휼이 많으며 의로운 이로다"(시편 112:4).
　　"너희는 옷을 찢지 말고 마음을 찢고 너희 하나님 여호와께로 돌아올지어다 그는 은혜로우시며 자비로우시며 노하기를 더디하시며 인애가 크시사 뜻을 돌이켜 재앙을 내리지 아니하시나니"(요엘 2:13).
46 김동호, 『크리스천 베이직』, 124.
47 "그러나 더욱 큰 은혜를 주시나니 그러므로 일렀으되 하나님이 교만한 자를 물리치시고 겸손한 자에게 은혜를 주신다 하였느니라"(야고보서 4:6).
48 오직 성경이란, 진리냐 비진리냐의 최종 권위는 오직 성경에 있다는 뜻이다. 다시 말해 성경만이 그리스도 교리의 유일한 원천이며 성경 밖에서 해석할 필요가 없다.

Christus), [49] '오직 은혜'(*Sola Gratia*), [50] '오직 믿음'(*Sola Fide*), [51] '오직 하나님께 영광'(*Soli Deo Gloria*)[52]이다. [53] 여기서 구원의 도리는 믿음에서만 은혜가 나올 수 있다. 성경에서 인간이 죄인이라 죄를 해결할 수 없기 때문에 하나님은 예수 그리스도의 십자가를 값으로 대신 지불하고 구원해 주셨다. 이처럼 구원은 오직 하나님의 은혜로만 가능한 것이다.

은혜로우신 하나님은 예수 믿는 인간에게 회개를 통해 온전함에 이를 수 있는 길을 열어 주셨다. 회개는 예수 믿는 인간에게 하나님이 주신 은혜이다(요한일서 1:7-10). [54] 미국 애즈베리신학대학교(Asbury Theological Seminary)의 웨슬리 신학 및 역사신학 교수 케네스

---

49 오직 그리스도란, 인간은 스스로 구원할 수 없으며 오직 십자가에서 모든 인류의 죗값을 다 받고 하나님의 의를 완전히 이룬 예수 그리스도의 은총으로 덧입는 것 뿐이다.

50 오직 은혜란, 구원에 필요한 예수 그리스도의 공적 효력을 덧입는 것은 전적인 하나님의 선물이며 하나님이 인간 쪽에서 아무런 조건을 찾지 않는다는 뜻이다. '믿음' 역시 하나님의 선물이며, 믿음은 구원의 은총을 받는 '통로' 역할을 할 뿐이다. 그리고 행위의 '대가'로 구원을 받지 않는다. 오직 은혜의 교리는 인간의 신앙적 행위를 강조하는 업적 의를 비판하는 데 목적이 있다.

51 오직 은혜란, 하나님이 내리시는 은혜는 오직 믿음을 통해 받을 뿐이지 다른 어떤 것이 요구되지 않는다는 것이다. 이 교리 역시 인간의 신앙적 행위를 강조하는 업적 의를 비판하는 데 목적이 있다.

52 오직 하나님께 영광이란, 구원은 하나님이 시작하고 완성하시는 일이며 거기에 인간이 참여하는 부분은 없기 때문에 모든 영광을 하나님이 받으신다는 내용이다.

53 기독신문 2017년 10월 12일자.

54 조현삼, 「구원 설명서」, 50.
    "그가 빛 가운데 계신 것 같이 우리도 빛 가운데 행하면 우리가 서로 사귐이 있고 그 아들 예수의 피가 우리를 모든 죄에서 깨끗하게 하실 것이요 만일 우리가 죄가 없다고 말하면 스스로 속이고 또 진리가 우리 속에 있지 아니할 것이요 만일 우리가 우리 죄를 자백하면 그는 미쁘시고 의로우사 우리 죄를 사하시며 우리를 모든 불의에서 깨끗하게 하실 것이요 만일 우리가 범죄하지 아니하였다 하면 하나님을 거짓말하는 이로 만드는 것이니 또한 그의 말씀이 우리 속에 있지 아니하니라"(요한일서 1:7-10).

콜린스(Kenneth J. Collins)는 하나님 은혜의 교리에 대하여 말하기를, "인간 창조에서부터 성도의 영화에 이르기까지, 양심을 선물로 주신 데서부터 성령의 친절한 인도하심에 이르기까지, 죄를 깨닫는데서부터 사람의 마음에 하나님과 이웃을 향한 사랑이 회복되기까지 모든 것 위에 하나님의 은혜가 있다"라고 하였다.[55]

하나님의 은혜는 자격 없는 인간에게 베푸시는 하나님의 호의로 하나님이 인간에게 주시는 모든 복은 오직 하나님의 은혜와 관대하심, 호의로 인한 것이다.[56] 그러나 창조 질서 속에서 인간의 위치는 통치와 주권이라는 관점 외에 하나님의 풍부한 은혜의 전달자라는 관점에서도 살펴볼 수 있다. 그래서 성결교회의 뿌리라고 할 수 있는 영국의 신학자였던 존 웨슬리(John Wesley, 1703~1791)의 신학 속 깊이에서의 인간은 하나님이 복을 다른 피조물에게로 흘려보내기 위해 선택하신 훌륭한 전달 수단이다.[57]

기생의 아들로 태어난 고아 출신이자, 일본의 노동운동과 민권운동의 지도자요, 학식이 높았던 일본의 가가와 도요히코(Kagawa Toyohiko, 1888~1960)는 불치병 선고를 받고 얼마 남지 않은 생애를

---

55 Kenneth J. Collins, 『성경적 구원의 길』, 정기영 역 (서울: 새물결플러스, 2017), 31.
56 Kenneth J. Collins, 『성경적 구원의 길』, 32.
57 Kenneth J. Collins, 『성경적 구원의 길』, 39~40.

하나님과 이웃을 위해 바치기로 했다. 그는 윤락 여성들을 대상으로 복음을 전했다. 하지만 그는 단 한 명도 전도하지 못했다. 그의 친구가 왜 그런 헛된 일을 하느냐며 비난하자 그는 이렇게 말했다. "저들을 위해서도 사랑을 베풀고 기도해 줄 누군가가 필요하지 않겠는가?" 놀랍게도 그가 죽은 뒤에 수많은 윤락 여성이 회개하고 하나님 앞에 돌아오는 역사가 일어났다.[58] 이처럼 하나님의 은혜로 구원받은 전달자는 자신뿐만 아니라 버림받고 아무도 돌아보지 않는 사람들을 위해 사랑하며 섬기며 기도하는 것이다.

구원은 하나님의 강력한 은혜를 통해 실제로 새롭게 되고 변화받고 정결하게 되는 것을 포함한다.[59] 그래서 기독교의 정신이라 함은 예수 그리스도가 말씀하신 두 계명인 "네 마음을 다하고 목숨을 다하고 뜻을 다하여 주 너의 하나님을 사랑하라.… 네 이웃을 네 자신같이 사랑하라"(마태복음 22:37-39)는 계명에 순종할 수 있는 자유를 가지는 것이다.[60]

---

58 최요한, 『믿음의 절대 강자』 (서울: 도서출판 나침반, 2008).
59 Kenneth J. Collins, 『성경적 구원의 길』, 337.
60 Kenneth J. Collins, 『성경적 구원의 길』, 338.

예수를 통한 구원

구원은 예수를 통해서 얻는다. 구원이 시작되는 지점
은 십자가에서 예수와 함께 시작된다. 구원은 옛사람을 버리고 하
나님의 자녀로서 새롭게 사는 것을 말한다. 그래서 전에는 그렇지
않았는데 자기도 모르게 죄의 종노릇하지 않고 힘 있게 살게 된다
(고린도후서 5:17).[61] 인간은 누구든지 그리스도 안에 있기만 하면 구
원은 시작된다(로마서 6:10-11).[62] 그것은 예수 그리스도가 인간의 죄
를 위해 돌아가시고 부활하셨다는 것을 받아들임으로, 그가 나의
대신이고 대표이심을 인정함으로 구원을 받게 되는 것이다.[63]

어떤 한 청년이 초등학교 때 갓 낳은 조카와 함께 잠을 자다가
그만 자기 발을 아기 몸 위에 얹어 놓고 말았다. 깨어 보니 아기의
숨이 끊어져 있었다. 그는 조카를 죽였다는 죄책감에 시달렸다. 초
등학교 시절의 악몽 같은 경험은 그를 집요하게 괴롭혔다. 그는 늘
지병에 시달렸고, 누나와 매형, 다른 조카에게 사죄하는 심정으로

---

61 조정민, 『왜 구원인가?』, 206-211.
    "그런즉 누구든지 그리스도 안에 있으면 새로운 피조물이라 이전 것은 지나갔으니 보라 새것이
    되었도다"(고린도후서 5:17).
62 "그가 죽으심은 죄에 대하여 단번에 죽으심이요 그가 살아 계심은 하나님께 대하여 살아 계심
    이니 이와 같이 너희도 너희 자신을 죄에 대하여는 죽은 자요 그리스도 예수 안에서 하나님께
    대하여는 살아 있는 자로 여길지어다"(로마서 6:10-11).
63 김세윤, 『구원이란 무엇인가』, 80.

최선을 다하며 무던히 노력했다. 때로는 술로써 잊으려 했고, 성실하게 다른 일에 몰두해 보려 애쓰기도 했으나 그 악몽에서 벗어날 수 없었다. 그러나 예수님이 그 죄를 용서하셨다는 복음을 받아들이자, 비로소 그는 죄의식의 감옥에서 해방되었다. 예수님의 십자가 은혜를 경험한 후 그는 수많은 친구와 후배에게 죄 사함의 복음을 전하는 일에 헌신했다.[64]

예수는 죄인인 인간을 구원하러 오셨다. 인간이 죄에서 구원을 받으면 고통과 죽음에서도 구원을 받게 된다. 예수가 죄에서 구원하신 일은 인간의 과거, 현재, 미래에 걸쳐 완전무결하게 펼쳐지는 것이다. 십자가에서 죽으신 하나님의 아들은 전혀 죄가 없는 분이지만 인간의 죄를 대신 담당하셨다. 나의 죄는 그분께 전가되었고, 그분의 의는 나에게로 옮겨졌다. 예수님을 믿는다는 것은 예수님이 나의 죄 문제를 근본적으로 해결해 주셨음을 믿는 것이다.[65]

하나님은 인간에게 구원을 받을 만한 다른 이름을 주신 일이 없다(사도행전 4:12).[66] 그러므로 하나님이 인간을 어떻게 구원하시는가를 정확히 이해하려면 예수가 누구인지, 예수가 인간을 위해 하신

---

64 이승장, 『왜 나는 예수를 믿는가』 (서울: 홍성사 2013).
65 이승장, 『왜 나는 예수를 믿는가』.
66 "다른 이로써는 구원을 받을 수 없나니 천하 사람 중에 구원을 받을 만한 다른 이름을 우리에게 주신 일이 없음이라 하였더라"(사도행전 4:12).

일이 무엇인가를 먼저 이해해야 한다. 예수와 그분의 사역을 이해하는 것이 곧 구원을 이해하는 데 매우 중요한 단서가 된다.[67] 예수는 인간의 구주이며, 인간에게 유일한 구세주가 되신다. 이것이 바로 기독교의 신앙 기초이며 핵심이다. 예수가 인간의 구주이심을 믿으면 구원을 얻을 수 있다. 예수가 인간을 구원하기 위해 인간의 몸을 입고 오셔서 십자가를 지신 것을 마음으로 믿으면 누구든지 구원을 받을 수 있는 것이다(로마서 10:13).[68]

결과적으로 현대인에게 구원은 필요한가에 대하여 살펴보았다. 하나님은 인간을 위해 구원을 계획하시고, 예수는 인간을 위해 구원을 이루시고, 성령은 인간을 위해 구원을 베풀어 주신다. 이것이 구원의 적용이다. 성령의 역사에 의해서 죄인인 인간이 구원에 참여하게 됨을 말한다(디도서 3:5-6).[69] 지금도 성령은 십자가 위에서 속죄의 피를 흘리신 예수 그리스도를 믿고 구원에 이르도록 죄인인 인간의 마음에 감화와 감동의 역사를 하고 계신다.[70] 예수 그리스도의 피를 믿는 자만 구원을 받을 수 있으니 예수 그리스도는 모든 인

---

67 김동호, 『크리스천 베이직』, 126-127.
68 김동호, 『크리스천 베이직』, 134.
69 "우리를 구원하시되 우리가 행한 바 의로운 행위로 말미암지 아니하고 오직 그의 긍휼하심을 따라 중생의 씻음과 성령의 새롭게 하심으로 하셨나니 우리 구주 예수 그리스도로 말미암아 우리에게 그 성령을 풍성히 부어 주사"(디도서 3:5-6).
70 성기호, 『이야기 신학』, 167.

간 특히 믿는 자들의 구원자가 되신다(디모데전서 4:10).[71] 이처럼 복음은 하나님이 구원을 위해 필요한 모든 것을 이미 예수 그리스도 안에서 인간에게 주셨다는 기쁜 소식이다.[72] 기독교를 통해 참된 구원에 대한 확신을 갖고 좋으신 하나님과 함께 하나님 나라를 이 땅에서 미리 경험하고 사는 현대인들이 참으로 많아졌으면 좋겠다.[73]

---

71 "이를 위하여 우리가 수고하고 힘쓰는 것은 우리 소망을 살아 계신 하나님께 둠이니 곧 모든 사람 특히 믿는 자들의 구주시라"(디모데전서 4:10).

72 John M. G. Barclay, 『단숨에 읽는 바울』, 117.

73 조현삼, 『구원 설명서』, 5.

chapter
08

인문학으로 톺아보기 :

교회는
왜 필요한가?

지난 2014년 4월 16일에 발생한 세월호 참사로 희생자의 유가족들은 피눈물을 흘렸다. 특별히 기독교인 유가족들은 "하나님이 살아 계신다면 어떻게 이런 일이 있을 수 있는가?"라는 깊은 실망과 혼란에 빠졌다. 하나님도 원망하고 세상에 대한 저주도 쏟아놓았다. 그 원망과 저주는 하나님을 부정하는 것이 아니라 슬픔과 고통에 몸부림치는 하소연이었다.[1] 세월호 유가족 중 약 70%는 교회에 출석하는 기독교인들이었다. 그들 중 상당수가 참사 후에 교회를 떠났다고 한다. 그들이 교회를 떠

---

1 이진오, 『재편: 홀로 빛나는 대형 교회에서 더불어 아름다운 '건강한 작은교회'로』 (파주: 비아토르, 2017), 84.

난 이유는 사실 "하나님은 그 고통과 죽음이 우리 아이들을 덮쳤을 때 어디에 계셨는가? 죄인인 인간이 하나님을 원망할 수 있는가?"라는 신학적이고 신앙적인 물음이 해결되지 않아서가 아니었다. 문제는 세월호 참사를 대하는 교회 공동체의 마음과 행동이었다. 기독교계는 참사 이후 불쌍히 여기는 마음으로 구호품도 보내고 손수 나서서 봉사도 하였다. 그러나 정작 유가족들이 원하는 진실 규명과 책임자 처벌, 그리고 안전 사회를 위한 법적 노력은 정치적이라는 이유로 외면했던 것이다.[2]

전 세계에 유례가 없을 정도로 한국 교회는 빠른 성장세를 거듭하였다. 세계의 많은 교회들이 배우고 본받아야 할 정도로 성장모델을 찾기 위해 한국 교회를 주목하였다. 그러나 그 성장 이면에는 많은 문제점을 노출하였다. 양적 성장의 절대화, 개교회의 이기주의, 이동성장 중심의 성장 패턴, 과다 경쟁과 복음주의 정신의 파괴 등이 대표적인 내용이다. 이러한 문제점들은 시간이 흐르면서 한국 교회의 건강을 해치는 주요인으로 작용하고 있다.[3]

교회란 하나님께 부르심을 받은 인간들이 주님께 속한 삶을 살도록 가르치고 배우고 교제하는 곳이다. 이러한 목적과 방향은 결

---

2 이진오, 『재편: 홀로 빛나는 대형 교회에서 더불어 아름다운 '건강한 작은교회'로』, 84.
3 최동규, 『미셔널 처치』 (서울: 대한기독교서회, 2017), 62.

국 주님께 속한 삶을 사는 것이다.[4] 이처럼 교회는 임의적인 존재가 아니라 그리스도의 구원 사역에 필연적인 존재로 보아야 한다.[5] 따라서 이를 바탕으로 현대인에게 교회는 필요한가에 대하여 살펴보고자 한다.

현대인을 위한 교회 공동체

대부분 기독교인들은 주님께 속한 삶이라고 한다면 흔히 교회 내에서의 신앙생활을 생각한다. 그러나 목사와 성도는 교회와 직장 외에 가정과 국가, 그리고 세계라는 주님께 속한 삶을 드러내어야 할 더 좁거나 더 넓은 일상도 있음을 잊어서는 안 된다.[6] 또한 지역을 뛰어넘어 때로는 시대적 정의와 평화를 위해서도 기도하고 행동해야 한다. 과거 일제 강점기 때 교회는 대한독립을 함께 외쳤고, 군사독재 시절에 민주화의 밑거름이 되었던 것처럼 평화통일이나 민주주의와 같은 시대적 사명을 위해 교회는 힘을 아끼지 말아야 한다. 각 시대가 당면한 지역과 국가의 공공성은

---

4 이진오, 『재편: 홀로 빛나는 대형 교회에서 더불어 아름다운 '건강한작은교회'로』, 85.
5 Hans Küng, 『교회』, 정지련 역 (서울: 한들출판사, 2007), xxxxv.
6 이진오, 『재편: 홀로 빛나는 대형 교회에서 더불어 아름다운 '건강한 작은교회'로』, 85.

하나님 나라를 위해 그 시대의 교회가 맡은 사역이자 미션인 것이다.[7] 이처럼 현대인의 삶과 떼려야 뗄 수 없는 매우 중요한 공동체(community)가 바로 교회이다.

사전적 의미로, 교회(敎會)는 한자어로 '가르치는 모임'이라는 뜻이다. 영어로 교회는 '처치'(Church)로 '주님께 속한 것'이라는 뜻이다.[8] 그리스어로 교회는 '에클레시아'(εκκλεσια)[9]로 '세상으로부터 부르심을 받은 모임', '공통의 관심사로 모인 사람들의 모임', '공동체로서 하나님의 백성'[10]이라는 뜻을 가지고 있다.[11] 에클레시아는 보통 교회로 번역되지만 유의할 점은 이 단어가 어떤 건물을 의미하기보다 사람들의 모임을 가리킨다. 이러한 모임은 주로 가정에서

---

7 이진오, 『재편: 홀로 빛나는 대형 교회에서 더불어 아름다운 '건강한 작은교회'로』, 90.
8 송태근, 『교회가 알고 싶다』(서울: 넥서스CROSS, 2017), 13.
9 에클레시아는 비교적 수용적인 의미를 가지고 있어서 헬라 세계에서는 이 단어로 정치적 모임 곧 시민들의 공식적인 집회를 묘사하기도 하였다. 특히 바울의 다른 서신에서 볼 수 있는 것처럼, 세상으로부터 부르심을 받은 사람들을 에클레시아로 동일시하는 것은 바울이 가진 교회관의 특징이다. 바울이 오직 하나님의 부르심으로 말미암아 사도가 된 것처럼(로마서 1:1; 갈라디아서 1:15), 그 공동체들은 자신들의 선택이 아닌, 세상의 미련한 것들을 택하사 지혜 있는 자들을 부끄럽게 하시는 하나님의 부르심 때문에 존재하게 된 것이다(로마서 1:6, 8:28; 고린도전서 1:9, 1:26, 7:15; 갈라디아서 1:6, 5:13). James W. Thompson, 『바울의 교회론』, 이기운 역 (서울: CLC, 2019), 82.
10 여기서 하나님의 백성(People of God) 이미지는 구약성경 이야기와 직접적이고 의도적인 연관성을 가진다. 예수님의 제자였던 베드로는 이 연관성을 만들기 위해 일련의 이미지를 사용하였다. "그러나 너희는 택하신 족속이요 왕 같은 제사장들이요 거룩한 나라요 그의 소유가 된 백성이니 이는 너희를 어두운 데서 불러 내어 그의 기이한 빛에 들어가게 하신 이의 아름다운 덕을 선포하게 하려 하심이라"(베드로전서 2:9). 이 구절에서 교회는 이스라엘 백성에 관한 구약성경의 예언적 기사가 신약성경에서 성취되는 것으로 묘사되었다. 하나님의 백성은 하나님 자신의 사역에 의해 곧 그리스도의 구원 사역을 인정하는 일정한 공통신앙에 의해 형성된다. Craig Van Gelder, 『교회의 본질』, 최동규 역 (서울: CLC, 2015), 168.
11 Frederick William Danker, 『신약성서 그리스어 사전』, 195.

모였으며, 어떤 경우에는 가게나 공공건물, 그리고 야외에서 모이기도 하였다.[12]

특히 기독교가 뿌리내리는 데 중요한 역할을 한 바울은 많은 시간을 로마 제국의 대도시에서 보냈기 때문에 그가 세운 교회들은 임시 거주자들이 많이 모이는 다문화적 환경이었다. 그런데 사실 오늘날과 마찬가지로 당시 그것은 사람들이 삶의 큰 변화를 경험하는 데 있어서 이상적인 상황이었다. 당시 사람들이 얼마나 많이 이 모임에 모였는지는 알 수 없겠지만 가정에서 모였을 경우 그 숫자가 약 30명을 넘지 못했을 것이다.[13]

로마와 같은 대도시에서는 도시 안에 여러 가정 교회가 있었을 것이다. 그리고 가족을 중심으로 모임이 이루어졌을 것이다.[14] 단 한 곳을 제외하고는 이 모임의 멤버 중에 사회의 최상위층에 속한 사람은 단 한 명도 없었으며, 대부분 바울과 같은 결코 안정적인 수입 없이 최저 생계비를 유지하며 살았을 것이다.[15] 구약성경에 교회라는 말이 쓰이고 있지만 지금 알고 사용하고 있는 교회와는 다르다. 오늘날 흔히 교회라고 부르는 공동체는 신약성경에 와

---

12 John M. G. Barclay, 『단숨에 읽는 바울』, 59.
13 John M. G. Barclay, 『단숨에 읽는 바울』, 59-60.
14 로마서 16장을 참고하라.
15 John M. G. Barclay, 『단숨에 읽는 바울』, 60.

서야 비로소 그 기원이 시작되었다. 예수님은 베드로의 신앙고백을 통해서 교회를 세우겠다고 약속하셨다(마태복음 16:16-18).[16] 다시 말해, 당시 예수님 때의 교회는 존재하지 않았고, 예수님이 살아 계실 동안에도 교회는 없었다. 그 당시 교회설립은 장래에 속하는 약속이었을 뿐이었다.[17] 교회는 예수님께서 승천하신 지 10일이 되는 날, 즉 부활하신 날로부터 50일이 되는 오순절(Pentecost) 날에 시작되었다.[18]

독일 튀빙겐대학교(Tübingen University) 교수였던 한스 큉(Hans Küng, 1928~)은 교회의 시작에 대하여 말하기를, "교회의 기원은 부활절 이전의 예수가 아니라 부활하셔서 제자들 사이에 현존하시는 그리스도로 본다. 그래서 교회가 부활하신 그리스도의 부르심에 응답하는 성도들의 공동체, 또는 하나님의 말씀에 의해 생겨난 피조물이다"라고 하였다.[19] 제자들은 승천하시는 예수님의 마지막 분부에 따라 예루살렘에 있는 마가 요한의 어머니인 마리아의 다락방에 모여 열심히 기도하며 약속하신 성령의 강림을 기다렸다(사도행전

---

16 "시몬 베드로가 대답하여 이르되 주는 그리스도시요 살아 계신 하나님의 아들이시니이다 예수께서 대답하여 이르시되 바요나 시몬아 네가 복이 있도다 이를 네게 알게 한 이는 혈육이 아니요 하늘에 계신 내 아버지시니라 또 내가 네게 이르노니 너는 베드로라 내가 이 반석 위에 내 교회를 세우리니 음부의 권세가 이기지 못하리라"(마태복음 16:16-18).
17 성기호, 『이야기 신학』, 302.
18 성기호, 『이야기 신학』, 302.
19 Hans Küng, 『교회』, xxxx.

1:4-5).[20]

그 마가의 다락방에 모여 기도하던 120명의 성도들이 오순절 날에 성령의 충만으로 한 몸이 됨으로써 교회가 시작되었다. 한 분이신 주님을 믿는 같은 믿음을 가진 성도들이 한 성령으로 세례를 받아 한 몸을 이루었으니 곧 그리스도의 몸인 교회가 설립된 것이다(에베소서 4:3-5).[21] 이렇게 예루살렘에서 시작된 교회가 모체가 되어 지금까지 각지에 교회가 세워졌다. 물론 교회가 존재하는 지역과 교파는 다를 수 있겠지만 한 성령을 받아 그리스도의 몸을 이루는 성도들은 인종과 신분을 초월하여 한 몸이 되고 그 몸의 지체가 된다(고린도전서 12:12-13).[22] 교회는 어떤 조직이나 제도라기보다 예수 그리스도의 생명을 나누는 유기적 공동체를 의미하는 것이다.[23]

일반적으로, 교회는 건물로서 예수 그리스도를 믿는 사람들이 모여 예배드리는 장소를 말한다. 교회는 하나님께 부르심을 입어 예수

---

20 성기호, 『이야기 신학』, 302-303.
21 "평안의 매는 줄로 성령이 하나 되게 하신 것을 힘써 지키라 몸이 하나요 성령도 한 분이시니 이와 같이 너희가 부르심의 한 소망 안에서 부르심을 받았느니라 주도 한 분이시요 믿음도 하나요 세례도 하나요"(에베소서 4:3-5).
22 "몸은 하나인데 많은 지체가 있고 몸의 지체가 많으나 한 몸임과 같이 그리스도도 그러하니라 우리가 유대인이나 헬라인이나 종이나 자유인이나 다 한 성령으로 세례를 받아 한 몸이 되었고 또 다 한 성령을 마시게 하셨느니라"(고린도전서 12:12-13).
23 송태근, 『교회가 알고 싶다』, 14.

그리스도를 구주로 믿는 성도의 집합체를 의미한다. 그리고 예수 그리스도를 믿고 구원받은 사람 한 사람 한 사람을 교회라고 한다. 이러한 사람들이 함께 모여 예배를 드리고 기도를 드리기 위해 만들어진 공간이나 건물도 교회이다.[24] 이처럼 오늘날 건물도 교회이지만 진정한 교회는 보이지 않는 그리스도인들을 의미하는 것이다.

그리스도의 몸으로서 교회 공동체

놀랍게도 신약성경은 교회를 그리스도의 몸이라고 부른다(로마서 12:4-5; 고린도전서 12:27; 에베소서 1:22-23, 4:15-16, 5:23,30; 골로새서 1:24).[25] 교회는 영적으로 그리스도의 몸이다. 그리

---

24 유기연, 『알기 쉬운 기독교 이해』(서울: 도서출판 대가, 20010), 181.
25 "우리가 한 몸에 많은 지체를 가졌으나 모든 지체가 같은 기능을 가진 것이 아니니 이와 같이 우리 많은 사람이 그리스도 안에서 한 몸이 되어 서로 지체가 되었느니라"(로마서 12:4-5).
  "너희는 그리스도의 몸이요 지체의 각 부분이라"(고린도전서 12:27).
  "또 만물을 그의 발 아래에 복종하게 하시고 그를 만물 위에 교회의 머리로 삼으셨느니라 교회는 그의 몸이니 만물 안에서 만물을 충만하게 하시는 이의 충만함이니라"(에베소서 1:22-23).
  "오직 사랑 안에서 참된 것을 하여 범사에 그에게까지 자랄지라 그는 머리니 곧 그리스도라 그에게서 온 몸이 각 마디를 통하여 도움을 받음으로 연결되고 결합되어 각 지체의 분량대로 역사하여 그 몸을 자라게 하며 사랑 안에서 스스로 세우느니라"(에베소서 4:15-16).
  "이는 남편이 아내의 머리 됨이 그리스도께서 교회의 머리 됨과 같음이니 그가 바로 몸의 구주시니라"(에베소서 5:23).
  "우리는 그 몸의 지체임이라"(에베소서 5:30).
  "나는 이제 너희를 위하여 받는 괴로움을 기뻐하고 그리스도의 남은 고난을 그의 몸된 교회를 위하여 내 육체에 채우노라"(골로새서 1:24).

스도의 형상을 지니고 있기 때문에 교회이다. 개별적인 성도들로서의 교회든지, 이 땅에서의 사회적 유기체로서의 교회든지, 교회는 예수 그리스도의 형상을 본받는다(로마서 8:29).[26] 그래서 한 가족으로서, 혹은 한 공동체로서의 유사성을 보여 주어야 한다.[27]

유전학이 널리 알려진 이 시대에 교회를 유전적이고 유기체적으로 보는 것이 어떤 의미를 가지고 있는지를 묻는 것은 매우 도움이 된다. 교회에 대한 기본적인 성경의 이미지는 정적이거나 제도적인 것이 아니라 유기체적(organic)이기 때문이다. 따라서 교회를 구조적으로 생각할 때 보다는 유전학적으로 생각할 때, 실제로 성경과 하나님은 자연과 사회 안에서 역사하시는 방식에 더 가까워진다. 교회란 그리스도의 몸으로서 신실하게 살아가고자 길고도 고통스럽지만 결국 열매를 맺는 과정을 통과한 가상 교회이다.[28]

무엇보다 교회는 예수 그리스도에 대한 위대한 고백과 그분과의 위대한 동일시에서 시작되었다. 그래서 예수님은 "두세 사람이 내 이름으로 모인 곳에는 나도 그들 중에 있느니라"(마태복음 18:20)라고 하셨다. 그리고 예수님은 그분의 제자는 그 안에 "거한다" 혹

---

26 "하나님이 미리 아신 자들을 또한 그 아들의 형상을 본받게 하기 위하여 미리 정하셨으니 이는 그로 많은 형제 중에서 맏아들이 되게 하려 하심이니라"(로마서 8:29).
27 Howard A. Snyder, 『교회 DNA』, 최형근 역 (서울: IVP, 2007), 12.
28 Howard A. Snyder, 『교회 DNA』, 12-14.

은 "있다"라고 하셨다. 또한 예수님은 그 안에서 생명을 찾는다고 하셨다(요한복음 15:4-7).[29] 이처럼 예수님과의 동일시는 우리를 예수님이 행하셨던 일, 가난한 자를 향한 복음 전파로 인도할 것이다. 그 일은 참된 교회가 지닌 유전자 속에 흐르고 있다. 가난한 자를 향한 그들과 함께하는 사역은 유전되는 것이다. 위대한 고백과 위대한 동일시는 성경적 교회로서 그리스도의 몸으로서의 의미를 세워 간다.[30]

교회는 이러한 성령의 '코이노니아'(κοινωνια),[31] 즉 '교제'라는 뜻으로 예수 그리스도와의 동일시에서 나온다.[32] 성령을 통한 예수 그리스도와의 동일시는 위대한 교제, 즉 한 몸인 공동체로서의 교회는 그리스도의 제자 삼는 사역을 가르치는 대위임명령에서 나타난다(마태복음 28:19-20; 누가복음 4:18-19; 베드로전서 2:9).[33]

---

29 "내 안에 거하라 나도 너희 안에 거하리라 가지가 포도나무에 붙어 있지 아니하면 스스로 열매를 맺을 수 없음 같이 너희도 내 안에 있지 아니하면 그러하리라 나는 포도나무요 너희는 가지라 그가 내 안에, 내가 그 안에 거하면 사람이 열매를 많이 맺나니 나를 떠나서는 너희가 아무것도 할 수 없음이라 사람이 내 안에 거하지 아니하면 가지처럼 밖에 버려져 마르나니 사람들이 그것을 모아다가 불에 던져 사르느니라 너희가 내 안에 거하고 내 말이 너희 안에 거하면 무엇이든지 원하는 대로 구하라 그리하면 이루리라"(요한복음 15:4-7).

30 Howard A. Snyder, 『교회 DNA』, 34.

31 코이노니아는 '친교', '유대감', '동료애적 관심', '연보'라는 뜻도 있다. 이것은 거룩한 일에 초점을 맞추는 것을 의미한다. Frederick William Danker, 『신약성서 그리스어 사전』, 326.

32 Howard A. Snyder, 『교회 DNA』, 34.

33 Howard A. Snyder, 『교회 DNA』, 34.
"그러므로 너희는 가서 모든 민족을 제자로 삼아 아버지와 아들과 성령의 이름으로 세례를 베풀고 내가 너희에게 분부한 모든 것을 가르쳐 지키게 하라 볼지어다 내가 세상 끝 날까지 너희와 항상 함께 있으리라 하시니라"(마태복음 28:19-20).

20세기를 대표하는 탁월한 선교사요 영국의 선교신학자였던 레슬리 뉴비긴(Lesslie Newbigin, 1909~1998)은 본질을 외면한 교회를 향해 말하기를, "그리스도의 몸인 교회의 본질을 상실한 교회는 신약성경이 말하는 그 찬란한 호칭들을 받을 자격을 잃게 된다"라고 하였다.[34] 예수님과 연합한 그리스도의 몸으로서의 교회 공동체는 하나님 나라가 온전하게 도래하는 그 날을 향해 뻗어 나간다. 인간의 머리 되시고 선구자 되시는 예수님과의 이러한 친밀한 연합은 교회로 하여금 오늘날의 세상에서 하나의 다양하고 거룩하고 은혜가 충만하며, 보편적이지만 지역적이고 사도적이며 예언자적이 된다는 것의 의미를 구체적으로 드러내게 한다.[35]

2000년 전, 초대 교회에서는 이방인과 유대인, 그리고 상전과 종, 여자와 남자가 섞여 있었다. 그들이 그리스도의 살과 피로 온전한 연합을 이뤘음을 오늘날 공동체의 본질에 대한 도전을 보여 주고 있다. 바로 이것이 예수님의 열망이며, 꿈꾸던 새로운 공동체이

"주의 성령이 내게 임하셨으니 이는 가난한 자에게 복음을 전하게 하시려고 내게 기름을 부으시고 나를 보내사 포로된 자에게 자유를, 눈먼 자에게 다시 보게 함을 전파하며 눌린 자를 자유롭게 하고 주의 은혜의 해를 전파하게 하려 하심이라 하였더라"(누가복음 4:18-19).
"그러나 너희는 택하신 족속이요 왕 같은 제사장들이요 거룩한 나라요 그의 소유가 된 백성이니 이는 너희를 어두운 데서 불러 내어 그의 기이한 빛에 들어가게 하신 이의 아름다운 덕을 선포하게 하려 하심이라"(베드로전서 2:9).

34 Lesslie Newbigin, 『교회란 무엇인가?』, 홍병룡 역 (서울: IVP, 2010).
35 Howard A. Snyder, 『교회 DNA』, 36.

다. 오늘날 교회는 이런 곳이어야 한다. 동일시를 느끼는 사람들이 그룹을 만들어 교회에서 빈부귀천이 은연중에 나뉘고, 상대적 박탈감을 일으킨다면 교회의 기능을 이미 잃어버린 것이다. 교회에서는 모두 그리스도 안에서 용서받은 죄인으로 만나야 하는 것이다.[36]

김제 금산교회(金山敎會)의 이자익 목사(李自益, 1879~1958)와 조덕삼 장로(趙德三, 1867~1919)의 이야기는 한국 교회에서 이미 유명하다. 그들은 함께 예수님을 믿고 세례를 받았다. 그런데 이자익은 조덕삼 집의 마부(馬夫)였다. 1907년 두 사람은 함께 교회의 집사로 임명되었다. 그런데 1909년 장로를 선출하는 투표에서 지주였던 조덕삼을 제치고 그의 마부였던 이자익이 장로로 추천되었다. 빈부귀천을 철저히 따지던 시대였지만 조덕삼은 이자익을 장로로 잘 섬겼다. 더 놀라운 것은 이자익 장로가 신학교를 졸업하고 목회자가 되기까지 배려하고 물질적으로 도왔다.[37]

이처럼 교회는 새로운 질서와 새로운 가치, 그리고 새로운 원리가 적용되는 공간이다. 장애를 가진 사람과 그렇지 않은 사람이 하나가 될 수 있는 공동체, 부족한 사람과 뛰어난 사람이 하나 될 수 있는 공동체가 바로 예수님이 꿈꾸던 새로운 공동체이다. "서로 교

---

36 송태근, 『교회가 알고 싶다』, 33-34.
37 송태근, 『교회가 알고 싶다』, 34

제하고 떡을 뗐다"(사도행전 2:42)[38]는 것은 그런 공동체를 의미한다. 모든 담이 예수 그리스도의 피로 무너져 연합과 일치를 이루는 공간이 교회인 것이다.[39] 교회에서 가장 중요한 공동체 구성원들이 부활하신 예수님의 몸이 되어야 한다. 성경이 교회를 그리스도의 몸이라고 부르는 것도 바로 그런 이유이다. 그리스도의 몸으로서의 공동체인 교회는 그 구성원들이 진정한 사명이 무엇인지를 알아야 한다. 그러한 사명이 성공과 실패를 결정짓는 것이다.[40]

미국 교회증식협회(CMA)의 대표인 닐 콜(Neil Cole)은 진정한 교회의 의미에 대하여 말하기를, "교인 출석률이 기독교 신앙의 잣대가 될 수 없다. 복음의 궁극적인 산물은 변화이다. 그저 예배당을 가득 채우는 것만으로는 부족하다. 세상을 바꿔야 한다. 진정으로 교회가 영향력을 발휘하게 되면 사회와 문화는 변화된다. 교회는 하나님 나라의 복음으로 사람들을 전도하여 그들의 삶이 변화되는 것을 목격하고 있는가? 그런 일이 일어난다면 그리스도인의 수는 당연히 늘어날 것이다. 일주일에 한 번 예배당 좌석을 채우는 것이 하나님 나라가 아니다. 교인 출석률과 봉사만으로 교회를 평가

---

38 "그들이 사도의 가르침을 받아 서로 교제하고 떡을 떼며 오로지 기도하기를 힘쓰니라"(사도행전 2:42).
39 송태근, 『교회가 알고 싶다』, 34-35.
40 Neil Cole, 『교회 3.0』, 안정임 역 (서울: 도서출판 예수전도단, 2015), 114-115.

하는 슬픈 현실이야말로 예수님의 고귀한 삶과 희생을 무가치하게 만드는 일이다. 교회의 영향력은 그 사회에서 찾아야 한다. 교회의 좌석이 아닌 길거리에서 찾아야 한다"라고 하였다.[41] 따라서 교회는 사물이 아니라 사람이다. 교회는 함께 예수님을 따르고, 함께 그분의 사명을 수행하며, 세상에 영향을 미치는 예수님의 제자이다. 교회의 성공 여부를 판단할 수 있는 훨씬 더 정확한 잣대는 영향력인 것이다.[42]

섬김의 교회 공동체

앞서 교회는 일반적으로 예수님을 주로 고백하고 세상으로부터 부르심을 받은 사람들의 공동체이다.[43] 이것은 많은 사람들 가운데 하나님을 따르도록 부르심을 받은 자들의 공동체를 말한다. 이 공동체는 세상과 다른 부르심을 받은 단체이다. 하나님이 그들을 자신의 백성으로 선택하신 목적은 어떠한 특권을 부여해서가 아니다. 그것은 하나님을 섬기고, 한 걸음 더 나아가 하

41 Neil Cole, *Organic Church* (San Francisco: Jessey-Bass, 2005), xill.
42 Neil Cole, 『교회 3.0』, 116.
43 Eric G. Jay, 『교회론의 변천사』, 주재용 역 (서울: 대한기독교서회, 2002), 20.

나님의 사랑을 많은 사람들에게 나타내는 데 있다.[44] 즉, 하나님을 섬기고 이웃을 섬기기 위한 것이다. 여기서 그리스어로 '디아코니아'(διαχονια)는 '섬김', '봉사'를 의미한다. 하나님께 대한 임무에 관하여 헌신하는 특별한 행위를 의미한다.[45] 달리 말해, 이것은 이타적인 자세로서의 섬김이다. 따라서 디아코니아의 교회 공동체로서 특징을 갖는 것은 봉사를 통해 섬기는 공동체라는 것을 보여 준다.[46] 섬긴다는 말은 사람들이 그리 좋아하는 말이 아니다. 심지어 그리스도인들조차도 좋아하지 않는다.

몇몇 신학생이 학교 식당에서 가위바위보를 하면서 "섬기자!"라는 구호를 외쳤다. 지는 사람에게 식판을 몰아주어 잔반을 버리게 하려는 것이다. 구호는 그럴듯한데 사실은 모두 섬기지 않으려고 안간힘을 쓰고 있는 것이다. 차라리 '섬기자!'가 아니라 '섬기라!'로 구호를 바꾸는 것이 합당하게 보인다. 하나님이 그리스도인을 부르심은 진정한 목적으로 사랑의 동기로 섬기며, 서로 짐을 나누어지는 데 있다. 모두가 자기 권리를 주장하는 요즘 같은 시대에 누군가의 짐을 나누어지는 것은 결코 쉬운 일이 아니다. 하지만 그것은 우리

---

44 손봉호, 『나는 누구인가』, 167–168.
45 Frederick William Danker, 『신약성서 그리스어 사전』, 154.
46 이응윤, 『가족공동체로서의 교회』 (서울: CLC, 2017), 105.

주님의 뒤를 따르는 일이며, 섬김의 교회 공동체를 세우는 일이다. 그리고 하나님 나라에서 받을 상을 미리 예약하는 일일 수 있다.[47]

그러므로 몸소 섬김의 모델을 보여 주신 예수님은 섬기고 주기 위해 오셨다(마태복음 20:28).[48] 그러나 오늘날 예수 그리스도를 따른다고 하는 많은 사람들이 교회를 하나님의 말씀을 듣고 병 고침을 받는 곳으로 인식한다. 교회는 예수님이 보여 주신 그대로 섬기고 주는 곳이어야 한다. 자신이 섬기는 바로 그 교회가 섬기고 주는 디아코니아 교회 공동체가 되어야 한다.[49] 이것이 예수님이 몸으로 표현하셨던 디아코니아 선교의 방법이다.

토르티야(tortilla)는 옥수수 가루를 반죽해 팬에 구워 만든 멕시코 빵이다. 미국 중부 지역에서 나는 옥수수는 종류가 다양하다. 노란색 옥수수, 갈색 옥수수, 붉은색 옥수수, 심지어 점박이 옥수수도 있다. 일반적으로는 모양과 색이 균일한 옥수수가 음식 재료로 사용되는 것이 맞다. 그러나 토르티야를 만드는 데는 점박이 옥수수가 더 맛이 뛰어나 좋은 재료가 된다. 교회는 단색 옥수수라기보다 점박이 옥수수에 가깝다. 성도들이 하나님의 다양성과 창조성

---

47 이재기, 『하나님의 사역 레슨』 (서울: 은채, 2018).
48 "인자가 온 것은 섬김을 받으려 함이 아니라 도리어 섬기려 하고 자기 목숨을 많은 사람의 대속물로 주려 함이니라"(마태복음 20:28).
49 Rick Rusaw & Eric Swanson, 『교회 밖으로 나온 교회』, 김용환 역 (서울: 국제제자훈련원, 2013), 87.

을 보여 주며 여러 모습으로 코이노니아 교회 공동체를 섬긴다. 재능은 물론 언어와 국적이 다른 사람들도 모여 교회를 이룬다. 하나님은 사람의 다양성을 기뻐하신다. 하나님이 원하시는 모습이 되려면, 서로가 반드시 필요하다. 그러므로 교회는 달란트가 달라도 서로 존중하며 섬겨야 한다. 그것은 주님의 군사, 제자, 일꾼으로 다양한 영역에서 섬길 때 건강한 공동체를 이루며 하나님 나라를 세워 갈 수 있기 때문이다.[50]

공동체 안에서 충분히 케어받지 못하고 있는 이웃을 향한 하나님의 마음을 표현한 성경 말씀이 많다. 구약성경에서는 자기 백성이 불행한 사람들의 보호자가 되어야 한다고 말한다. 하나님은 가난한 자, 이방인, 과부, 고아, 궁핍한 사람들에 대한 자신의 마음을 분명하게 드러내셨다. 사람이 성경을 이해하고 하나님이 원하시는 것이 무엇인지 알 때 그 삶에 변화가 온다.[51]

그 대표적인 사례로, 누가복음 10장 30-37절[52]에서 선한 사마

---

50 이병욱, 『삶이 전도한다』 (서울: 아르카, 2018).
51 Rick Rusaw & Eric Swanson, 『교회 밖으로 나온 교회』, 89.
52 "예수께서 대답하여 이르시되 어떤 사람이 예루살렘에서 여리고로 내려가다가 강도를 만나매 강도들이 그 옷을 벗기고 때려 거의 죽은 것을 버리고 갔더라 마침 한 제사장이 그 길로 내려가다가 그를 보고 피하여 지나가고 또 이와 같이 한 레위인도 그곳에 이르러 그를 보고 피하여 지나가되 어떤 사마리아 사람은 여행하는 중 거기 이르러 그를 보고 불쌍히 여겨 가까이 가서 기름과 포도주를 그 상처에 붓고 싸매고 자기 짐승에 태워 주막으로 데리고 가서 돌보아 주니라 그 이튿날 그가 주막 주인에게 데나리온 둘을 내어 주며 이르되 이 사람을 돌보아 주라 비용이 더 들면 내가 돌아올 때에 갚으리라 하였으니 네 생각에는 이 세 사람 중에 누가 강도 만난 자

리아인은 실제적인 많은 일을 통해서 예루살렘 밖에 버려진 불쌍한 영혼에게 진정한 이웃이 되어 주었다.[53]

첫째, 선한 사마리아인은 도움이 필요한 사람을 피하지 않았다. 하나님이 교회에게 주시는 사역의 기회는 대개 예기치 않은 사태와 하던 일의 중단이라는 두 가지 국면 사이에서 일어난다. 둘째, 선한 사마리아인은 의료 서비스를 제공하였다. 요즘은 예전보다 의료비가 많이 올랐다. 셋째, 선한 사마리아인은 상처 입은 사람을 자기 나귀에 태워 주었다. 즉, 교통수단을 제공하였다. 가난한 사람들이 소외되는 이유 가운데 하나로 대중 교통수단의 부족을 들 수 있다. 교통수단이 없어서 직장에 나가지 못하거나 학교에 갈 수 없다면 가난에서 벗어날 수 없다. 넷째, 선한 사마리아인은 숙소를 제공하고 함께 있어 주었다. 그는 상처 입은 사람을 여관으로 데리고 갔을 뿐 아니라 어두운 밤을 그 사람과 함께 지냈다. 마지막으로 다섯째, 선한 사마리아인은 여관 주인에게 돈을 지불하였다. 돈과 상관없이 좋은 일을 많이 할 수 있다. 그러나 때때로 도구 중의 도구인 현금을 대체할 수 있는 것은 없을 때가 있다. 의료비와 난방비를 내

의 이웃이 되겠느냐 이르되 자비를 베푼 자니이다 예수께서 이르시되 가서 너도 이와 같이 하라 하시니라"(누가복음 10:30-37).

53 Rick Rusaw & Eric Swanson, 「교회 밖으로 나온 교회」, 90-92.

기 위해서도 현금이 필요하다. 이것이 바로 눈에 보이는 그리스도
의 사랑이다.

세계적인 신학자이자 미국 하버드대학교에서 종교학과 사회윤
리학 교수였던 하비 콕스(Harvey Cox, 1929~)는 세상을 향한 섬김에
대하여 말하기를, "하나님은 교회를 사랑하는 것이 아니라 세상을
사랑하신다"라고 하였다.[54] 물론 하나님은 세상과 교회를 모두 사랑
하신다. 그러나 하나님의 관심은 교회에 있는 것보다 세상에 있다.
그것은 교회는 우리 안의 양과 같고 세상은 우리 바깥의 양과 같기
때문이다. 세상은 교회를 위해 존재하는 것이 아니다. 교회가 세상
을 위해 존재한다. 하나님은 이 세상에 교회를 세우신 가장 중요한
목적 가운데 하나는 세상을 섬기기 위함이다.[55]

교회가 그들을 섬겨서 영혼육을 구원하기 위한 것이다. 교회는
지역사회를 연구하고 철저히 섬겨야 한다. 그들이 교회를 유익한
기관으로 인식하기까지 철저한 섬김과 봉사로 일관해야 한다. 그러
면 하나님이 기뻐하시고 이웃이 좋아하는 건강한 교회가 될 수 있
다.[56] 이웃을 섬기는 것은 공적의 행위에서 비롯되는 것이 아니라

---

54 Harvey Cox, 『세속도시』, 구덕관 역 (서울: 대한기독교서회, 2002).
55 김동호, 『크리스천 베이직』, 190.
56 김동호, 『크리스천 베이직』, 191.

하나님으로부터 하나님에게 나아가는 길이다. 모든 인간은 자신에게 주어진 소명과 받은 달란트에 따라 이웃을 섬겨야 할 것이다.[57]

선교적 교회 공동체

요즘 한국에서는 싱크홀(sink hole)이 심각한 사회적 문제로 대두되고 있다. 싱크홀은 도로에 갑자기 생기는 큰 구멍 때문에 지나가던 차량이나 사람이 빠져 다치거나 죽을 수 있기 때문에 사회적 문제이다. 싱크홀은 자연 상태에서도 발생할 수 있다. 주로 석회암 지역에서 석회암의 주성분인 탄산칼슘이 지하수에 녹으면서 싱크홀이 생겨난다.[58] 개발 때문에 생기는 싱크홀이 더 큰 문제가 된다. 도로나 주거지에도 나타날 수 있는 싱크홀은 무리한 토목 공사와 지하수 개발과 같은 인위적인 이유로 발생한다. 언제 어디서 갑자기 땅이 꺼질지 모른다는 사실은 사람들을 두려움에 빠지게 만든다. 한국 사회의 안전에 적신호가 켜진 것이다.[59]

그런데 한국 교회에도 이런 싱크홀이 곳곳에 생기고 있다. 한국

---

57 Hans Küng, 『교회』, 562.
58 최동규, 『미셔널 처치』 (서울: 대한기독교서회, 2017), 5.
59 최동규, 『미셔널 처치』, 5.

은 그동안 개발에 초점을 둔 덕분에 세계에서 그 유례를 찾기 어려울 정도로 빠른 성장을 거듭했지만 그에 못지않게 부작용도 만만치 않다. 지금까지 한국 교회는 양적 성장에 초점을 맞추어 왔지만 이곳저곳에 싱크홀과 같은 문제점들이 생겨나고 있다. 복음과 삶이 이원화되고 신앙을 단지 기복적인 관점으로 축소함으로써 사회 곳곳에 그리스도인은 많지만 진정한 예수님의 제자들은 찾아보기 어려운 형편이다.[60] 교회마다 물질을 앞세운 다양한 선교 활동을 펼치고 있다. 그러나 그것이 하나님 나라와 선교에 역행하는 결과를 낳는 경우도 많다. 개발이나 성장도 좋지만 이제는 개발에 앞서 수맥과 지질 환경 등 다양한 요소를 충분히 따져봐야 하는 것처럼 한국 교회 역시 좀 더 본질적인 요소에 집중할 때가 되었다.[61] 전반적으로 한국 사회에서 기독교의 위상과 전망이 밝지 않은 것이 사실이다. 이에 따라 선교적 교회 공동체에 대한 이해를 연구하는 이유가 바로 여기에 있다.

선교적 교회(Missional Church)[62]의 프로그램이나 모델을 제시하려

---

60 최동규, 『미셔널 처치』, 5-6.
61 최동규, 『미셔널 처치』, 6.
62 선교적 교회라는 말은 1990년대 북미 신학자들이 시작한 GOCN(Gospel and Our Culture Network)에서 구체적으로 사용되기 시작하였다. 당시 북미의 변화된 상황에 응답하면서 새로운 교회의 비전을 제시하기 위해 일군의 선교학자들과 문화학자들이 함께 연구한 것이다. 특히 레슬리 뉴비긴(Lesslie Newbigin)의 신학과 '하나님의 선교'(Missio Dei) 개념을 적극적으로 수용하면서 북미 교회가 처한 사회문화적 변화를 분석하고, 이에 "선교적 교회"라는 대안을 *Missional*

는 것이 아니다. 선교적 교회를 지향하는 것은 사실 교회 성장이나 부흥전략과는 거리가 멀다. 선교적 교회란 교회의 본질과 정체성을 선교에서 찾으려는 것이다. 그것은 무엇보다 하나님은 선교하시는 하나님이시기 때문이다.[63]

하나님은 이 세상을 창조하신 후 선교적 행위를 끊임없이 지금도 하고 계신다. 세상을 구원하기 위해서 아브라함을 통해 언약을 맺으셨다. 그리고 모세와 예언자들을 보내셨고, 급기야 독생자 예수님을 보내셨다. 예수님은 하나님 아버지께서 자신을 보내셨다고 여기셨고, 아버지와 아들은 다시 보혜사 성령을 보내셨다. 예수님은 아버지가 자신을 보내신 것처럼 제자들을 세상에 보내셨다(요한복음 17:18).[64] 그러므로 교회는 하나님이 세상에 보내신 선교적 교회 공동체이다.[65] 그래서 하나님은 보내는 분이시며, 교회는 보냄을 받은 선교적 교회 공동체라는 것이다.

이처럼 선교는 선택과목이 아니라 필수과목이다. 선교는 교회

Church: *A Vision for Sending of the Church in North America*(The Gospel and Our Culture, 1998)라는 책으로 대럴 구더(Darrel Guder)가 책임 편집을 맡아 출판하였다. 이후 이 논의는 북미에서 대단한 호응을 얻게 되었고, 당시 '이머징 처치'(Emerging Church)에 대한 비판적 여론이 대두되던 상황에서 교회의 본질을 다시 질문하는 신학적 논의가 본격화되었다. 이병욱 외 7인, 『선교적 교회의 오늘과 내일』(서울: 예영커뮤니케이션, 2016), 5.

63 이병욱 외 7인, 『선교적 교회의 오늘과 내일』, 7.
64 "아버지께서 나를 세상에 보내신 것 같이 나도 그들을 세상에 보내었고"(요한복음 17:18).
65 이병욱 외 7인, 『선교적 교회의 오늘과 내일』, 7.

공동체의 본질이라 하겠다. 그리스도의 교회가 아니면 교회가 아니며, 세상에 보냄을 받지 않은 교회는 교회가 아니다. 성경 전체를 보면, 교회의 머리 되신 주 예수 그리스도께서 교회를 세상 가운데 보내신 뜻과 교회의 역할에 대하여 숙고하기를 소원하고 있다.[66] 그래서 끌어모으는(attractional) 교회가 아니라 이제 보내는(sending) 교회가 되어야 한다. 그것은 하나님은 여전히 선교하고 계시며, 교회는 선교의 주체가 아니라 참여자로서 존재해야 하기 때문이다.[67] 그렇다고 해서 현대 선교적 교회 공동체가 그저 과거의 교회 공동체를 그대로 답습하는 것은 아니다. 현대 선교적 교회 공동체는 근대 문화의 환경에서 교회와 선교에 관한 왜곡된 인식과 관습이 확산되면서 교회와 선교의 개념을 재검토하고 오늘의 상황에 맞게 새롭게 재해석한 결과로 생겨났다.[68]

그래서 레슬리 뉴비긴은 뒤틀린 근대문화가 교회와 그리스도인들의 삶에 끼친 해악을 걷어내고, 성경적이고 신학적으로 올바른 교회의 개념과 선교적 본질을 따라 실천해야 한다고 주장하였다. 그 후 뉴비긴의 선교적 교회론은 의식이 있는 여러 학자들의 진지

---

66 Charles E. Van Engen, 『하나님의 선교적 교회』, 임윤택 역 (서울: CLC, 2014), 5-13.
67 이병욱 외 7인, 『선교적 교회의 오늘과 내일』, 9.
68 최동규, 『미셔널 처치』, 7.

한 토론을 거쳐 새롭게 피어나게 되었고, 급기야 그 담론들은 한국에까지 전파되어 한국 교회의 미래를 책임질 촉매 역할을 하게 된 것이다.[69]

한국에서는 주로 작은 교회들이 선교적 교회 공동체의 논의에 민감하게 반응한다. 그래서 기성 교회들과는 일정한 긴장 관계를 갖는다. 그것은 기존의 틀을 벗어나서 새로운 형식과 표현을 통해 하나님의 선교를 증언하기 원하는 목회자들은 아무래도 기성 교회의 목회자들과 교회와 선교에 대한 신학적 이해가 다를 수 있다.[70] 하지만 선교적 교회 공동체가 선교의 주체를 하나님으로 고백하고, 교회는 하나님의 선교에 동참하는 것이라면, 작은 교회이든 기성 교회이든 또 대형 교회이든 작은 교회이든 모든 교회가 따라야 할 원리이다. 선교적 교회 공동체는 특별한 프로그램을 표방하는 것이 아니라 지역사회에 뿌리를 내리고 지역 공동체의 한 일원으로 필요한 일에 헌신하는 것이므로 특정한 형태의 교회만을 고집하는 것이 아니다.[71] 그런데 한국 교회들은 대부분 정체와 하락의 위기에 직면해 있다. 무엇보다 사회적 신뢰도를 잃어가고 있기 때문에 선교적

---

69 최동규, 『미셔널 처치』, 7-8.
70 이병욱 외 7인, 『선교적 교회의 오늘과 내일』, 11.
71 이병욱 외 7인, 『선교적 교회의 오늘과 내일』, 11.

 인문학으로 기독교 톺아보기

교회 공동체에로의 초대는 매우 절실한 것으로 보인다. 이런 이유로 인해 기성 교회와 작은 교회의 목회자들이 함께 모여 고민하고 토론하며 교제한다. 카페 교회, 교회 안의 카페, 지역 도서관, 공연장, 전통적 건물의 교회, 신축 교회, 직장 교회, 거리 교회 등 다양한 교회의 목회자들이 함께 모이면 서로 다른 생각들로 긴장되겠지만 서로에게 배우는 것이 많다.[72]

예를 들어, 바람빛교회의 이남정 목사의 경우 강남의 대표적인 대형 교회에서 훈련을 받았으나, 지금은 자기 건물이 없이 ○○회사의 로비를 꾸며 선교적 교회 공동체의 실험을 전개하고 있다. 그리고 역삼동의 작은 공동체인 하늘샘교회를 섬기는 이영우 목사는 디아코니아를 독일에서 공부하였으며, 최근 디아코니아를 적용한 도시의 지역선교를 연구하여 선교적 교회 공동체를 연결하는 새로운 실험을 하고 있다.[73]

오늘날 한국 교회는 과연 진정한 선교적 교회 공동체가 될 수 있는가? 아직도 한국 교회 대부분은 이런 모험을 두려워한다. 선교적 교회 공동체를 꿈꾸고 실천하는 것은 두렵고 힘든 길이기 때문이다. 그러나 이 길은 모든 교회 공동체가 가야 할 길이다. 이 길은

---

72 이병욱 외 7인, 『선교적 교회의 오늘과 내일』, 11.
73 이병욱 외 7인, 『선교적 교회의 오늘과 내일』, 14.

교회의 본질과 관련되어 있기 때문에 선택사항이 아니라 반드시 가야 할 필수사항의 길이다.[74] 이러한 교회 공동체에 속한 구성원들은 끈끈하게 하나가 되어야 한다. 그래서 성령의 능력 안에서 서로 뜨겁게 사랑하고 섬기는 공동체, 예수 그리스도를 통해서 알게 된 새로운 삶의 방식을 실천하는 선교적 교회 공동체가 되어야 할 것이다.[75]

결론적으로 현대인에게 교회는 필요한가에 대하여 살펴보았다. 초기 한국 기독교를 살펴보면, 나라를 위해 순교를 당할 뿐만 아니라 나라도 없는 어려움 속에서 하나님 나라 운동을 전개해 나갔던 믿음의 선배들이 있었다. 그들을 통해 한국 기독교는 많은 사람들에게 금주, 금연, 정직, 봉사를 하는 공동체로 인정을 받게 되었다.[76] 그러나 한국 교회가 성장하면서부터 초기 그리스도인들의 정신을 외면한 채 종교답지 않은 모습을 내세우고, 목회자의 도덕적 타락, 세속화, 이기적인 자세 등 현재 한국 교회의 이미지는 사회적으로 땅에 떨어지게 되었다. 사회에서 예수님의 사랑을 증거해야 할 교회가 사회로부터 외면을 당하고 있는 것이다. 어쩌면 외면하

---

74 최동규, 『미셔널 처치』, 241.
75 최동규, 『미셔널 처치』, 242.
76 김한호, "한국 교회 위기와 기독교 사회", 『제1회 디아코니아 포럼』 (2017, 7), 9.

는 것을 넘어선 불편한 존재가 되어 가고 있는지도 모른다. 현재 한국 교회는 자기 모습에 대한 자기반성과 교회 내부적 개혁, 그리고 사회에 비춰진 교회의 이미지를 회복할 필요가 있다.[77]

그러므로 교회의 모든 재산, 시설, 조직은 원칙적으로 섬기기 위한 것이어야 한다. 그리고 교회 자체의 정신적 단합을 도모하고 신령한 힘을 신장시키기 위한 모든 노력도 궁극적으로 교회 자체의 영광이나 힘의 행사가 아닌 하나님을 더 잘 섬기기 위한 준비라는 의미를 가지고 있다.[78] 위에서 언급했던 것처럼 그리스도의 몸으로서의 교회 공동체와 섬김의 교회 공동체, 그리고 선교적 교회 공동체로서의 이러한 한국 교회가 교회의 본질을 가지고 나아갈 때 교회 안에 있는 부정적인 모습을 회복할 수 있을 뿐만 아니라 사회적 책임을 위한 기독교를 통해 하나님 나라를 완성할 수 있을 것이다. 교회란 하나님을 섬기고 세상을 위하는 공동체이기 때문에 교회의 궁극적인 목적은 하나님을 기쁘시게 섬기는 데 있다. 세상을 섬기는 것도 궁극적으로 하나님을 섬기기 위한 것이다. 교회는 이 세상에서 하나님의 뜻이 승리하도록 노력하지 않으면 안 될 것이다.[79]

77 김한호, "한국 교회 위기와 기독교 사회", 9.
78 손봉호, 「나는 누구인가」, 170.
79 손봉호, 「나는 누구인가」, 175-176.

chapter
09

인문학으로 톺아보기 :

어떻게
살 것인가?

인간은 함께 살아가는 존재이다.

'같이 살자'(Convivio)[1]는 고대 그리스와 로마의 인문학이 추구했던

공존의 정신이었다. '나는 누구인가?'라는 인문학적 성찰은 반드시

그다음 질문으로 이어지는데 어떻게 살 것인가를 고민해야 하는 문

제이다.[2] 어떻게 살 것인가? 이것은 삶의 자세를 말하는 가장 중요

한 질문이다.[3]

연세대학교 교회사 교수 김상근은 인문학의 핵심에 대하여 말

---

1   콘비비오(Convivio)란 단테의 작품 『향연』의 라틴어 제목을 의미한다. 플라톤이 제자들과 함께
    토론한 '심포지움'을 단테가 번역한 것으로 순우리말로 '같이 살자'라는 뜻을 가지고 있다.
2   고은 외 11인, 『어떻게 살 것인가』 (서울: 21세기북스, 2016), 5.
3   서정오, 『목마른 인생』, 94.

하기를, "요즘처럼 세상이 각박하고 사는 것이 힘들수록 나 자신을 잘 살피고 돌아보는 성찰의 시간이 절실해진다. 나는 누구인가, 어떻게 살 것인가, 그리고 어떻게 죽을 것인가"라고 하였다. 이러한 질문에 대한 인문학의 성찰은 이 시대를 올바르게 살아가는 인간에게 지혜를 담게 해 준다.[4] 만약 인문학 성찰이 '나는 누구인가'에만 머무른다면 그것은 매우 이기적인 일일지 모른다. 인문학은 자기 성찰에서 출발하여 이웃과 세상 사람들, 그리고 사회 속에서 행동하고 실천하는 작업까지 이어져야 한다. 인문학은 반드시 '어떻게 살 것인가'로 나아가야 한다.[5]

그런데 대부분 인간의 삶은 어떻게 행동하고 어떻게 살아가야 할 것인가를 생각해도 별 도움이 안 되도록 짜여 있다. 물론 많은 사람들은 어떻게 살아야 할 것인가는 고사하고 우선 삶의 목적이 무엇인가에 대해서도 생각할 시간을 갖지 못한다. 그저 아무 생각 없이 발등에 떨어진 불을 끄면서 하루하루를 살아간다.[6] 이것이 오늘날의 화려한 성공 뒤에 숨겨진 냉혹한 현실이다. 그럴 바에는 돈을 좀 못 벌어도 권력과 인기와 그리고 명예를 누리지 못해도, 지금

---

4   고은 외 11인, 『어떻게 살 것인가』, 13.
5   고은 외 11인, 『어떻게 살 것인가』, 12.
6   손봉호, 『나는 누구인가』, 265-266.

주어진 일상 그대로 행복을 누리면서 사는 것이 성공일 것이다.[7] 따라서 이 거대한 우주 속에서 이 작은 별 지구의 한 모퉁이에서 영원이란 시간에 비하면 찰나에 불과한 한 번의 생애를 현대인은 어떻게 살 것인가에 대하여 살펴보고자 한다.

어떻게 살 것인가에 대한 방향

마차로 여행하던 사람에게 물었다. "어디로 가십니까?" "예, 초나라로 갑니다." 사람들이 의아해하며 말했다. "초나라는 남쪽인데, 당신은 지금 북쪽으로 가고 있습니다." 여행자가 대답했다. "걱정하지 마시오. 이 말은 굉장히 빨리 달리니까요." 사람들이 답답해하며 말렸다. "아무리 빨라도 이 방향으로 가면 절대 초나라에 가지 못합니다." 여행자가 또 말했다. "괜찮소. 아무리 오래 걸려도 여비는 충분하니까요." 사람들이 더욱 답답해하며 말했다. "아무리 돈이 많아도 이리로 가면 초나라엔 못 간단 말입니다." 그러자 그 사람은 또 말했다. "아, 괜찮다니까요! 내 마부는 말 다루는 솜씨가 최고라오."[8]

---

7 서정오, 『목마른 인생』, 24.
8 서정오, 『목마른 인생』, 19.

여행자에게 빠른 말과 많은 돈, 그리고 실력 있는 마부보다 우선하는 것은 여행의 방향이다. 이것이 어긋날수록 목적지와는 더 멀어진다. 인생의 방향이 틀리면, 근면과 성실이 도리어 재앙이 된다. 인간의 삶의 이유와 목적에 대하여 분명하게 대답할 수 있어야 한다. 어떻게 살아야 하는가? 지금 인간의 삶이 이토록 어렵고 힘들어도 왜 포기해서 안 되는지, 그에 대한 분명한 대답을 가져야 흔들리지 않는 인생을 살 수 있을 것이다.[9]

16세기, 지구를 중심으로 우주가 돈다고 믿었던 천동설(天動說)이 진리로 받아들여지던 시절, 니콜라우스 코페르니쿠스(Nicolaus Copernicus, 1473~1543)는 "지구는 우주의 중심이 아니다. 지구 역시 태양의 둘레를 도는 한 행성에 불과하다"라고 선언하였다. 이 지동설을 주장한 일로 인해서 코페르니쿠스는 가톨릭교회에 의해 수많은 핍박을 받아야 했다. 오랜 세월이 지난 지금, 아직도 지구가 우주의 중심이라고 생각하는 사람은 단 한 명도 없다. 그런데 이 지동설은 단순히 천체물리학적 발견을 넘어서서, 인간의 정체성에 대한 엄청난 깨달음을 안겨다 주었다. 이것을 '코페르니쿠스적 사고의 전환'이라고 부른다.[10]

9   서정오, 「목마른 인생」, 20.
10 서정오, 「목마른 인생」, 26-27.

안타까운 것은, 자신이 아직도 우주의 중심이라는 착각 속에 사는 사람들이 많다는 사실이다. 오늘날 '코페르니쿠스적 사고의 전환'이 필요한 곳은 다름 아닌 인간의 오만(傲慢)이다. 너무나 많은 사람들이 자신이 우주의 중심(ego-centric)이라고 착각하며 산다. 세상이 자기를 중심으로 돌아가야 한다고 고집을 부린다.[11]

그래서 세상이 내 마음대로 되지 않으면 분노하고 감정을 조절하지 못한다. 반드시 기억해야 할 것은 어느 누구도 우주의 중심이 될 수 없다는 사실이다. 모든 사람들이 천하보다 소중한 존재임은 틀림이 없지만, 천하가 어느 한 사람을 위해 존재하는 것이 아님도 틀림이 없는 진리이다.[12] 사람에게 가장 중요한 문제는 어떻게 살 것인가라는 문제이다. 성경이 가르치는 가장 중요한 문제도 어떻게 믿느냐라는 문제와 함께 어떻게 살아야 하는가라는 문제인 것이다.[13]

---

11 서정오, 「목마른 인생」, 27.
12 서정오, 「목마른 인생」, 27-28
13 김명혁, 「어떻게 살 것인가」 (서울: 성광문화사, 2002), 4.

어떻게 살 것인가에 대한 사명

인간은 어쩌다가 우연히 이 세상에 내던져진 존재가 아니다. 자신이 주도권을 가지고 계획하고 결단해서 시작된 인생도 아니다. 인간은 하나님이 선한 일을 하기 위해 친히 작품(作品)으로 지어 이 땅에 보낸 사명자(使命者)들이다.[14] 소크라테스의 사명감은 당시의 많은 사람들로부터 비난을 받았다. 사람은 누구나 질책을 달가워하지 않는 법이다. 소크라테스가 아테네 시민들을 신랄하게 질책하자 많은 희곡 작가들이 그를 조롱하고 풍자하기에 이른다.

특히 소크라테스의 친구인 아리스토파네스(Aristophanes, B.C 446~385)는 『구름』(Nephelai)이라는 희곡에서 그를 변덕이 죽 끓고 궤변을 늘어놓는 소피스트(Sophist)로 치부해 버린다. 그런데 놀라운 것은 이 극이 상연되는 동안 소크라테스가 객석에 앉아 있었다는 사실이다. 객석의 사람들은 낄낄거리며 그의 반응을 지켜보았다. 그런데 기대와 달리 소크라테스는 자리에서 일어나 사람들을 향해 인사했다. 사람들이 그에게 "당신을 풍자하고 비꼬고 조롱하는데 기분이 나쁘지 않느냐?"고 묻자 소크라테스는 이 연극을 통해 자신

---

14 서정오, 『목마른 인생』, 32.

의 고칠 점을 발견하러 왔을 뿐이라고 대답했다.[15]

　사명(使命)이란 죽어도 해야 할 일이다. 그래서 그 일을 못하고 죽으면 한이 남는 것이다. 아무리 많은 일을 했어도 그 일을 못했다면 결코 성공한 인생이라고 할 수 없다. 그것이 바로 사명이다.[16] 사명은 목숨보다 중요하다. 사명의 완수를 위해서는 목숨도 버릴 수 있다. 사명 때문에 생명이 존재하는 것이다. 사명을 위해서 생명을 부여받은 것이다. 그런 의미에서 죽음이란 생명이 끝나는 것이 아니라 사명이 끝난 것을 의미한다.[17]

　구약성경을 보면, 120세의 모세가 느보산에서 죽음을 맞을 때 그의 눈이 흐리지 아니하였고, 기력이 쇠하지도 않았다. 그런데 그렇게 건강했던 모세가 죽었다(신명기 34:7).[18] 그 이유는 단지 사명이 끝났기 때문이다. 건강하지 못하고 골골대면서도 살아 있다는 것은 뭔가 아직도 세상에서 해야 할 사명이 남아 있기 때문이다.[19] 영국의 유명한 선교사이자 아프리카 탐험가였던 데이비드 리빙스턴(David Livingstone, 1813~1873)은 사명에 대하여 말하기를, "사람은 자

15　고은 외 11인, 『어떻게 살 것인가』, 23-24.
16　서정오, 『목마른 인생』, 32.
17　서정오, 『목마른 인생』, 33.
18　"모세가 죽을 때 나이 백이십 세였으나 그의 눈이 흐리지 아니하였고 기력이 쇠하지 아니하였더라"(신명기 34:7).
19　서정오, 『목마른 인생』, 33.

기가 해야 할 사명이 있는 한, 결코 죽지 않는다"라고 하였다. 신약성경에서 바울이 삶의 마지막 순간까지 그토록 거침없이 달려갈 수 있었던 것은 자신의 사명을 깨달았기 때문이다. 바울은 하나님이 자신을 지으신 목적과 자신이 해야 할 일, 그리고 선한 일이 무엇인지를 분명히 알았기 때문이다.[20]

일본인 승려이며, 애플(Apple)의 CEO였던 스티브 잡스의 정신적 스승이었던 오토가와 코우분(乙川弘文, 1938~2002)은 1975년 승려가 될지, 아니면 회사를 창업할지 고민하는 잡스에게 "기업 활동이나 종교적인 도를 닦는 것은 본질상 같다"라고 조언하였다. 이에 따라 잡스는 애플의 창업을 결심하게 되었다. 사실상 선불교 승려인 잡스는 항상 사물의 본질을 직관적으로 바라보려고 하는데, 이것이 그가 가진 영감과 창의성의 원천이 되었다. 잡스는 참으로 열심히 살았고, 세상의 치열한 경쟁 속에서 계속 승리하였다. 췌장암으로 죽음이 코앞에 다가왔다. 하나님을 믿는 사람도 잡스와 마찬가지로 열심히 일하며 살아야 한다. 누구를 위해서 열심히 일하는지가 다를 뿐이다.[21]

---

20 서정오, 『목마른 인생』, 33–34.
21 박세웅, 『나는 누구인가』 (서울: 미래를소유한사람들, 2011), 348.

어떻게 살 것인가에 대한 만남

1907년, 청년 실업가로 활약했던 남강(南岡) 이승훈(李昇薰, 1864~1930)[22]은 상당한 돈을 벌고 있었다. 그러나 그는 생애에서 가장 중요한 일이 무엇인지, 무엇을 위해 삶을 살 것인지를 몰랐다. 그러다가 평양 모란봉 기슭에서 열린 도산(島山) 안창호(安昌浩, 1878~1938) 선생의 강연을 듣고, 자신이 해야 할 가장 중요한 일이 '민족 운동'이라는 사실을 깨달았다. 그 길로 그는 술과 담배를 끊고 안창호와 오산(吾山) 이강(李剛, 1878~1964) 선생 등과 함께 신민회(新民會)를 조직했다. 그리고 고향 땅 정주에 민족 교육의 요람인 오산학교(五山學校)를 설립하였다.

그러나 1910년 한일강제병합이 이뤄지고, 민족 운동의 방향은 기로에 서게 되었다. 그가 더 이상 무엇을 어떻게 해야 할지 몰라 방황할 때, 한국 장로교회 최초 7인 목사 중에 한 분인 한석진(韓錫晉, 1868~1939) 목사의 설교를 들었다. "이 땅에 소망이 끊어졌을 때, 우리의 할 일은 무엇인가? 앞으로 나갈 수도, 뒤로 물러날 수도, 좌우 어디로 갈 수도 없이 꽉 막혔는가? 이제는 하늘을 바라보

---

22 이승훈은 일제 강점기 오산학교 교장, 민족대표 33인 기독교 대표, 동아일보사 사장 등을 역임한 독립운동가요 교육가였다.

라. 그리스도를 바라보라." 그 설교에 감명을 받은 그는 독실한 그리스도인이 되었다. 그가 마침내 독립운동에 앞장서서 당대 최고의 민족 지도자가 될 수 있었던 것은 안창호와 한석진을 만남으로써 비롯된 것이다.[23]

고대 그리스의 철학자 플라톤(Platon, B.C. 427~347)은 소크라테스(Socrates)를 만남으로 위대한 철학자의 길을 걸었다. 신약성경에서 디모데는 바울을 만났기에 위대한 하나님의 일꾼이 될 수 있었다. 베드로는 예수님을 만남으로 갈릴리의 평범한 어부에서 예수님의 제자로서 초대 교회의 초석을 다지는 위대한 사도 직분을 감당할 수 있었다.[24] 며느리 한 사람만 잘 들여도 집안이 완전히 달라진다. 어떤 친구를 만나느냐에 따라 인생이 달라진다. 어떤 스승에게 수학했느냐에 따라 그 사람의 미래가 달라진다. 하물며 인생을 지으신 창조주 하나님을 정통으로 만난다면 그 인생이 얼마나 달라지겠는가?[25]

미국 건국의 아버지(Founding Fathers)로 불리는 벤자민 프랭크린(Benjamin Franklin, 1706~1790)[26]은 친구에 대하여 말하기를, "아버지

---

23 서정오, 『목마른 인생』, 35-36.
24 서정오, 『목마른 인생』, 36.
25 서정오, 『목마른 인생』, 36-37.
26 그는 계몽사상가 중 한 명으로서, 유럽의 과학자들의 영향을 받았으며 피뢰침, 다초점 렌즈 등을 발명하였다. 달러화 인물 중 대통령이 아닌 인물은 알렉산더 해밀턴(10달러)과, 벤자민 프랭

는 보물이요, 형제는 위안이며, 친구는 보물도 되고 위안도 된다"라고 하였다. 개인적인 사정이 좋을 때는 곁에 친구들이 많다. 그러나 개인적으로 어려울 때 내 곁에서 떠나면 그 친구는 참 친구가 아니다. 참 친구는 끝까지 신뢰를 지킬 줄 알고, 내가 어려울 때에도 내 곁에서 대변해 줄 수 있다. 어려울 때 같이 괴로워할 줄 알고, 생사를 같이하며 목숨이라도 버릴 수 있는 친구가 진정한 친구이다.[27]

그래서 신약성경에서 예수님은 "친구를 위한 사랑을 보여 주는 가장 좋은 방법은 그들을 위해 죽는 것이다(The greatest way to show love for friends is to die for them)"라고 하셨다(요한복음 15:13).[28] 이 세상에서 이러한 친구를 만나기란 참으로 어렵다. 진정한 친구란 서로의 감정을 조절해야 하며, 때로는 친구 때문에 희생도 감수해야 한다. 이 세상에서 목숨까지 버리신 영원한 친구는 예수님이시다.[29]

어떻게 살 것인가에 대한 사랑

요즘 들어 사랑은 단순히 가난한 사람에게 무엇을 주

클린(100달러) 두 명뿐이다.

27 김신웅, 『행복을 만드는 인간관계론』(안양: 호산나출판사, 2013), 122–123.
28 "사람이 친구를 위하여 자기 목숨을 버리면 이보다 더 큰 사랑이 없나니"(요한복음 15:13).
29 김신웅, 『행복을 만드는 인간관계론』, 123.

는 일로 자선(慈善)을 가리키는 말이 되었다. 그러나 원래 여기에는 더 큰 의미가 있다. 여기에서 말하는 사랑이란 아가페 의미의 사랑을 뜻한다. 아가페 의미의 사랑은 감정이 아니다. 그 사랑은 감정의 상태가 아니라 의지의 상태로서 자신에 대해서는 자연적으로 가지고 있지만 남에 대해서는 배워서 익혀야 하는 것이다.[30]

사랑하는 사람이 되려면, 우선 자신이 사랑을 받고 있다는 것을 알아야 한다. 하나님은 사랑받지 않고도 사랑하고, 사람도 원칙적으로는 사랑받지 않아도 사랑해야 하는 것이 아가페 사랑의 본질이다. 그러나 피와 살을 가진 인간은 우선 사랑을 받아야 사랑할 수 있다. 어릴 때 부모의 사랑을 흠뻑 받지 못한 사람은 일생을 피해의식(被害意識) 속에서 살며 다른 사람을 사랑하기가 어렵다. 그러다가 연인이나 친구의 진정한 사랑을 느꼈을 때, 비로소 감격해하고 그때부터 다른 사람을 사랑할 수 있게 된다.[31] 죽을 만큼 사랑하는 사람을 만날 때 사람은 행복한 것이다.[32]

누군가에게 사랑을 받는 것은 비로소 자기의 정체성과 중요성을 발견하고, 자신도 다른 사람을 사랑할 수 있는 사람임을 발견하

30 C. S. Lewis, 『순전한 기독교』, 205–206.
31 손봉호, 『나는 누구인가』, 277.
32 김동호, 『크리스천 베이직』, 235.

는 것이다. 앞서 아가페 의미의 사랑을 실천하려면 우선 자신이 하나님의 사랑을 받고 있는 존재임을 인식하고 자기가 그런 사랑을 받을 자격이 없음에도 불구하고 하나님이 사랑해 주신다는 것에 대해 감격해할 수 있어야 한다.[33] 죄인으로 하나님 앞에 감히 나아갈 수 없는 자신이지만 하나님이 사랑하시되 예수 그리스도가 십자가에서 죽어야 할 만큼 사랑하셨다는 사실을 인식하고 감격할 수 있어야 진정 사랑할 수 있는 자세가 되는 것이다. 사랑에 빠진 사람은 사랑하는 사람을 위해 모든 것을 희생할 수 있다. 하나님의 사랑에 감격한 사람은 하나님을 기쁘시게 하기 위하여 모든 것을 바치려할 것이다.[34]

하나님은 사람에게 가장 기본적인 명령으로서 하나님을 사랑하고 이웃을 사랑하라고 하셨다. 그리고 하나님을 사랑하는 것도 구체적으로는 모든 이웃을 사랑하는 것임을 성경에서 가르친다.[35] 바울은 믿음(faith)과 소망(hope), 그리고 사랑(love) 이 세 가지는 항상 있을 것인데, 그중에 가장 위대한 것은 사랑이라고 하였다(고린도전서 13:13).[36] 이런 사랑은 연습해야 한다. 그것은 아가페 사랑은 에로

---

33 손봉호, 『나는 누구인가』, 277.
34 손봉호, 『나는 누구인가』, 277-278.
35 손봉호, 『나는 누구인가』, 278.
36 "그런즉 믿음, 소망, 사랑, 이 세 가지는 항상 있을 것인데 그중의 제일은 사랑이라"(고린도전서 13:13).

스(Eros)와는 다르기 때문이다.

지난 2019년 5월 19일, 미국에서 영향력 있는 흑인 자선가 로버트 스미스(Robert F. Smith)[37]는 조지아주 애틀랜타의 모어하우스대학(Morehouse College)[38]에서 졸업식 연설을 하면서 졸업생들의 학자금 대출을 모두 갚아 주겠다고 말했다. 이날 스미스의 연설 가운데 "우리 가족은 여러분의 버스에 연료를 약간 넣어 주려고 한다"라고 밝혔다. 이 대학의 데이비드 토머스(David Thomas) 총장은 졸업생 396명의 학자금 대출이 약 4,000만 달러(환화로 약 477억 원)에 달한다고 추산했다. 토머스 총장은 "빚을 갚아야 하는 상황에서는 세상에 나가서 하고 싶은 것을 선택할 때 제약을 받게 된다. 스미스의 선물은 졸업생들이 그들의 꿈과 열정을 따를 수 있도록 자유를 준 것이다"라고 말했다.[39]

이러한 사랑은 해 본 사람일수록 더 잘할 수 있다. 그런 사람은 아가페 사랑이 얼마나 고상한지, 그것이 얼마나 자신을 즐겁게 하는지를 사랑해 봄으로써 발견하기 때문이다. 대부분의 사람들은 남

---

37 참고로, 스미스는 이 대학을 나오지는 않았다. 그는 코넬대학에서 화학공학을 전공하고, 컬럼비아대학에서 경영학 석사 학위를 받았으며 골드만삭스에서 근무했다.

38 모어하우스대학은 미국의 대표적인 흑인대학 가운데 하나다. 인권운동가 마틴 루터 킹 목사, 영화감독 스파이크 리, 영화배우 새뮤얼 잭슨 등이 이 학교를 나왔다.

39 AP연합뉴스, "졸업식 축사하던 억만장자 "학자금 대출 갚아줄 것"", https://theqoo.net/index.php?mid=square&document_srl=1097978906.

을 위한 희생이 힘들고 괴로운 줄로만 알고 있다. 그러나 다른 사람이나 사회 전체를 위해 진심으로 봉사해 보고 희생해 본 사람은 그것이 그렇게 괴로운 것도 아니고 힘이 드는 것도 아니라는 것을 안다. 또한 자신에게 손해가 되는 일이 아니라는 것도 알게 된다.[40]

예수님은 이웃을 사랑하라고 말씀하셨다. 이웃을 위해서 사랑을 베풀지 않는 사람은 그리스도인이 아니다. 하나님과 자신의 관계에만 집중하다 보면 인간관계가 소홀해진다. 예수님은 사람들과 우정을 나누며 살라고 하셨지 하나님과의 관계에만 집중하라고 말씀하지 않으셨다.[41] 이처럼 이웃을 사랑하는 일은 하나님이 인간에게 부탁하신 일인 것이다.

하나님은 사랑이시기 때문에 사랑하는 것이 곧 하나님을 닮는 것이다. 하나님을 닮는 것이야말로 인간이 바라볼 수 있는 가장 고상하고 고귀한 이상이다. 자기의 사랑하는 아들을 죽인 사람을 용서했을 뿐만 아니라 그를 양자로 삼은 손양원(孫良源, 1902~1950) 목사와 가난한 사람들을 위해 모든 소유를 포기한 한국의 슈바이처 장기려(張起呂, 1911~1995) 박사 같은 분들은 진정한 의미에서 하나

---

40 손봉호, 『나는 누구인가』, 279.
41 김형석, 『교회 밖 하나님 나라』, 209-210.

님을 본받은 분들이다.[42] 사랑할 수 있는 사람의 삶은 결코 희생의 고통으로만 가득 차 있지 않다. 거기에는 욕망의 충족이 감히 가져다 줄 수 없는 고상한 기쁨이 있다. 이런 기쁨은 사랑하는 사람만이 경험할 수 있고, 고통과 희생을 두려워하지 않는 사람만이 향유할 수 있다. 바로 그것이 이 땅 위에서의 아가페 사랑을 어느 정도 가능하게 하고 또한 계속하는 힘을 제공한다.[43]

아가페 사랑은 머릿속이 감상(感傷)으로 가득 찬 사람들에게는 아주 냉정해 보일 수 있다. 뿐만 아니라 그 사랑은 애정과 아주 구별되는 것임에도 불구하고 결국 애정을 낳는다. 그리스도인과 세상 사람의 차이는 세상 사람들에게는 애정이나 좋아하는 마음만 있지만 그리스도인들에게는 아가페 사랑만 있는 것이 아니다. 세상 사람들은 자신이 좋아하는 몇몇 사람들에게만 친절하게 대한다.[44] 그러나 그리스도인들은 모든 사람들을 똑같이 친절하게 대하려고 애쓴다. 그렇게 하는 가운데 그리스도인들은 점점 더 많은 사람들을, 처음에는 자기가 좋아하게 되리라고 상상조차 못했던 사람들까지 포함해서 좋아하게 된다는 사실을 발견할 것이다.[45]

42 손봉호, 「나는 누구인가」, 286.
43 손봉호, 「나는 누구인가」, 293-294.
44 C. S. Lewis, 「순전한 기독교」, 208.
45 C. S. Lewis, 「순전한 기독교」, 208-209.

결론적으로 현대인은 어떻게 살 것인가에 대하여 살펴보았다. 죽을 만큼 사랑하는 사람이 있을 때 사람은 살맛 나겠으나 죽을 만큼 사랑하는 일이 있을 때도 사람은 살맛 날 것이다.[46] 1940년대를 대표하는 한국 문학가 윤동주(尹東柱, 1917~1945) 시인은 사망하기 4년 전인 1941년 5월 31일에 〈십자가〉(十字架)라는 시를 썼다. "쫓아오던 햇빛인데 지금 교회당 꼭대기 십자가에 걸리었습니다. 첨탑이 저렇게도 높은데 어떻게 올라갈 수 있을까요? 종소리도 들려오지 않는데 휘파람이나 불며 서성거리다가 괴로웠던 사나이 행복한 예수 그리스도에게처럼 십자가가 허락된다면 모가지를 드리우고 꽃처럼 피어나는 피를 어두워 가는 하늘 밑에 조용히 흘리겠습니다."[47] 하나밖에 없는 목숨을 십자가에 걸 만한 일이 있는 사람은 삶이 행복한 사람이다. 윤동주는 그 예수님의 십자가를 부러워하고 있다. 그것이 괴로운 일인지 알면서도 십자가를 부러워하고 있는 것이다.[48] 어쩌면 과거라 할 수 있지만 윤동주는 오늘날 현대인들에게 어떻게 살 것인가를 여실히 보여 주었다.

이러한 삶의 모습은 새로운 작은 그리스도로서 규모는 작지만

---

46 김동호, 『크리스천 베이직』, 235.
47 윤동주, 『하늘과 바람과 별과 시(초판본)』 (서울: 더스토리, 2019).
48 김동호, 『크리스천 베이직』, 236.

하나님의 생명과 똑같은 생명을 가진 존재로 영원히 바꾸어 놓는다.[49] 그래서 끝없는 욕망에 목말라 방황하는 현대인은 위로는 하늘을 바라보고 하나님이 주시는 새 힘으로 살며, 옆으로는 사람의 손을 붙잡고 하나님의 사랑으로 서로 사랑하며, 밖으로는 세상을 회복시키는 삶을 살아야 할 것이다.

49 C. S. Lewis, 『순전한 기독교』, 292.

chapter

10

인문학으로 톺아보기 :

희망은
있는가?

전 세계는 테러와 전쟁, 기근과 지진 등의 많은 위험의 공포로 인해 수많은 사람들이 낙심과 절망에 처해 있다. 이럴 때, 희망은 진지한 학문적인 논의(論議)가 아닐 수 없다.[1] 인간이 사는 세상을 고해(苦海)라 했다. 고통의 바다라는 뜻이다. 그만큼 인간의 삶은 만만하지 않고 호락호락하지 않다는 말이다. 어느 집을 보나 밝은 면이 있는가 하면 이면에는 어두운 면도 존재한다. 어쩌면 인간은 태어날 때부터 무거운 짐을 지고 세상 밖으로 나온 것이다. 고통 앞에 선 인간이 그 고통을 넘어설 수 있게

---

1   영산신학연구소, "영산 조용기 목사의 희망 신학", 2004년 영산국제신학심포지엄 (2004, 6), 3.

하는 힘이 바로 희망이다.[2] 이탈리아의 철학자이자 신학자며, 스콜라 철학의 대표자이자 토마스학파의 아버지인 토마스 아퀴나스는 고통에 대하여 말하기를, "좋은 것처럼 이야기해서는 안 된다"라고 하였다. 때로 고통은 그 자체로 악이라고 명시했다. 하지만 올바른 의지와 이상 때문에 받게 되는 고통은 때로는 유용할 수 있다.[3]

쇠렌 키에르케고르는 자신의 책『죽음에 이르는 병』에서 절망에 대하여 말하기를, "절망에 빠지려는 의지가 인간을 죽음으로 이끌고 간다"라고 하였다. 고통이 인간을 죽음으로 이끄는 것이 아니라 자신이 포기해 버리고 손을 놓아버리려는 절망의 의지가 인간을 죽음으로 몰아가기 때문에 사람은 새로운 희망을 잡아야 한다는 것이다.[4] 그런 의미에서 희망은 신학적인 덕목 가운데 하나이기도 하다. 따라서 영원한 세계를 바라보는 일로 현실 도피주의(escapism)나 몽상의 한 형태가 아니라 현대인이라면 마땅히 가져야 할 자세 중에 하나인 희망에 대하여 살펴보고자 한다.[5]

---

2   고은 외 11인, 『어떻게 살 것인가』, 193.
3   고은 외 11인, 『어떻게 살 것인가』, 198.
4   고은 외 11인, 『어떻게 살 것인가』, 209.
5   C. S. Lewis, 『순전한 기독교』, 212.

멘토를 통한 희망

신학을 집대성한 교부철학의 성자로 불리며 세계 교회사에 있어서 바울 다음으로 가장 큰 영향력을 끼친 어거스틴 (Augustine, 354~430)을 인문학에서는 고통에서 희망을 찾은 멘토 (mentor)라고 부른다. 그는 17세에 미혼부가 되고 이단 종교에 빠졌으며, 온갖 사고를 쳤다. 극적인 변화를 맞게 된 그는 아버지가 된 뒤로 공부를 시작하여 밀라노에 가서 황실 수사학교 교사가 되어 모든 사람들이 부러워하는 위치에 올랐다. 타가스테(Thagaste) 라는 시골에서 세상의 중심인 로마보다 더 화려한 밀라노 한복판으로 와서 우뚝 선 것이다. 그러나 그는 결단코 행복하지 않았다. 돈과 명예, 그리고 모든 것을 갖게 된 어거스틴은 극심한 갈등에 시달렸다.

모든 의미가 사라지고 살기 위해 발버둥 치던 어느 날, 그 유명한 회개의 장면을 맞이하였다. 그리고 성경의 한 구절을 읽고 내적 고민들이 해결되면서 자신이 가졌던 모든 부와 명예를 내려놓았다. 이후 그는 세속적인 명예를 버리고 기독교의 주교 자리까지 올랐다. 그리고 그는 『고백록』(Confessiones)과 함께 기독교 신학 가운데 가장 어렵다고 하는 『삼위일체론』(De Trinitate)에 대한 책을 남겼다. 그의 마지막 명저인 『신국론』(*De Civitate Dei*)이라는 책도 썼다.[6] 요즘 현실을 보면 희망을 찾기란 무척 어렵다. 하지만 희망의 멘토라고 할 수 있는 어거스틴의 삶을 통해 인간은 고통을 넘어서 희망을 찾을 수 있다.

독일 철학자 임마누엘 칸트는 인생의 기본적인 세 가지 질문 중 하나인 "우리는 무엇을 바랄 수 있는가?"라고 말했다. 그러면 인간은 이 질문에 대한 답을 어디에서 찾아야 하는가? 정치와 사회, 그리고 경제 등 어떤 분야든지 사람들은 모두가 희망을 필요로 하며, 정말로 희망을 간절히 바라고 있다.[7] 그러면 인간이 희망할 수 있는 좋은 것은 전혀 없는가? 하지만 인간은 정치와 사회, 그리고 경제적인 진행 과정 밖에서 선한 희망을 찾아야 한다. 그리고 이 일은 하나님의 은총으로 가능한 것이다. 인간을 지으시고 섭리하시고 인간의 마음을 알고 계신 창조주 하나님은 결코 인간이 희망 없이 살아가도록 의도하지 않으셨다.[8] 성경에서 하나님은 자신을 "희망의 하나님"(God of Hope)으로 나타내셨다. 특히, 바울은 로마서 15장 13절[9]에서 당시 로마에 사는 그리스도인들에게 쓴 그의 가장 위대한

---

6 고은 외 11인, 『어떻게 살 것인가』, 209–210.
7 James I. Packer, 『소망』, 김기호 역 (서울: IVP, 2003), 15.
8 James I. Packer, 『소망』, 17–18.
9 "소망의 하나님이 모든 기쁨과 평강을 믿음 안에서 너희에게 충만하게 하사 성령의 능력으로 소망이 넘치게 하시기를 원하노라"(로마서 15:13).

서신서를 통해 "희망의 하나님"의 이름으로 권면하고 있다. 이러한 바울의 기도가 예나 지금이나 많은 사람들에게 진실한 멘토로서의 기도인 것을 깨닫게 된다.[10]

그리고 바울은 세상의 모든 사람들에게 "우리의 소망(희망)이신 그리스도 예수"를 영접하고(디모데전서 1:1),[11] "너희 안에 계신 그리스도시니 곧 영광의 소망(희망)"으로 힘을 얻으라고 초청하고 있다(골로새서 1:27).[12] 그는 그리스도 안에서 최고 절정에 달하는 무조건적인 자비의 패턴을 아브라함의 이야기와 이스라엘의 이야기에서 발견하였다(로마서 4장, 9-11장). 그는 아무런 자격이 없는 이방인들을 하나님의 백성으로 부르시는 그 하나님의 은혜가 온 천하에 만연해 있다고 믿었다. 이러한 신념은 바울로 하여금 앞날에 대해 심지어 아직 메시아 예수를 믿지 않고 불순종하는 유대인들의 앞날에 대해서도 희망을 품게 만들었다.[13]

그래서 바울은 희망에 대해 "하나님이 모든 사람을 순종하지 아니하는 가운데 가두어 두심은 모든 사람에게 긍휼을 베풀려 하심이

---

10 James I. Packer, 『소망』, 11.
11 "우리 구주 하나님과 우리의 소망이신 그리스도 예수의 명령을 따라 그리스도 예수의 사도 된 바울은"(디모데전서 1:1).
12 "하나님이 그들로 하여금 이 비밀의 영광이 이방인 가운데 얼마나 풍성한지를 알게 하려 하심이라 이 비밀은 너희 안에 계신 그리스도시니 곧 영광의 소망이니라"(골로새서 1:27).
13 John M. G. Barclay, 『단숨에 읽는 바울』, 56.

로다"(로마서 11:32)라고 하였다. 왜냐하면 하나님 아버지는 유일한 희망의 하나님이시기 때문에 그분의 독생자가 되셨고, 성육신하셨고, 십자가에 죽으셨고, 부활하셨고, 다스리시고 다시 오실 나사렛 예수 역시 희망의 사자(使者)요 수단이며, 중보자이시기 때문이다.[14] 더 나아가서, 그분은 모든 인간들의 진정한 멘토가 되신다.

"프리마돈나(prima donna)[15] 김영미는 대체 코치가 누구인가?" 주위 사람들로부터 이 말을 들으면 그녀는 하늘을 가리키며 이렇게 대답하였다. "코치요? 저 위에 계세요." 1995년, 일본 도쿄에서 오페라 〈라 트라비아타〉 공연을 준비할 때였다. 부르기 어려운 노래가 아니었는데, 그녀는 독창하는 부분에서 표현이 제대로 되지 않았다. 아무리 노력해도 죽어 가는 여자의 절절한 감정을 잘 살릴 수가 없었다. 그날 밤, 그녀는 호텔 방에서 무릎을 꿇고 하나님께 간절히 기도하며 도우심을 간구하였다. 다음 날 최종 리허설 때, 자신의 입에서 독창곡이 흘러나오는 순간 소름이 끼쳤다. 병들어 죽어 가는 여인의 애절한 감정이 노래 구절마다 절절히 베어 나왔기 때문이다. 눈물이 절로 흘러내렸다. '내가 그간 기도를 안 했구나. 하나님이 이것까지도 도와주시는 데…….' 자신의 힘으로 노래해 보

---

14 James I. Packer, 「소망」, 18.
15 프리마돈나는 오페라 주역을 맡은 여가수를 말한다.

려고 했던 모습이 부끄러웠다. 이후로, 그녀는 노래를 하기 전에 항상 무릎을 꿇는다. "하나님, 제 감정과 기교만으로 부족합니다. 오늘도 제 코치가 되어 주십시오." 자신의 노력으로 성공한 사람은 자신이 '대가'(大家)라고 생각한다. 그러나 진정한 대가는 하나님의 인도하심을 믿는 사람이다. 최상의 아름다움을 이룰 수 있는 분이 창조주 하나님뿐임을 믿을 때 희망을 얻기 때문이다.[16] 그래서 무엇보다 하나님의 말씀인 성경은 창세기(Genesis)로부터 요한계시록(Revelation)에 이르기까지 인간의 영원한 멘토가 되시는 하나님을 통해 현대인에게 희망을 주는 유일한 책인 것이다.

믿음을 통한 희망

믿음은 세상을 도피하지 않고 미래를 열망한다. 믿는다는 것은 실로 한계선을 넘어가는 것이며, 초월한다는 것과 탈출한다는 것을 의미하기도 한다. 오직 고통과 죄악, 그리고 죽음으로 둘러싸여 있는 생명의 한계선이 실제로 무너질 때 믿음은 그것들을 넘어갈 수 있게 한다. 오직 하나님에게 버림받아 고통을 당하고 죽

16 김영미, 『프리마돈나 김영미처럼』(서울: 비전과리더십, 2010).

은 현실과 무덤에서 부활하신 예수 그리스도를 뒤따를 때 믿음은 더 이상 억압이 없는 열린 마당, 자유와 기쁨을 바라볼 수 있게 한다.[17] 그래서 신약성경에서 믿음을 희망의 관점에서 정의하고 있다 (히브리서 11:1).[18]

믿음을 통한 희망은 인간들이 기쁨으로 미래를 바랄 수 있게 해 주는 보증된 기대이다. 희망은 진실로 기독교 믿음의 위대한 주제이며, 하나님이 인간에게 주신 최고의 선물이다.[19] 쇠렌 키에르케고르는 믿음을 통한 희망에 대하여 말하기를, "가능한 것을 향한 열정이다"라고 하였다.[20] 이러한 희망 때문에 불붙기 시작한 희망은 막힌 현실을 넘어오는 열린 지평을 인식한다. 그래서 믿음은 인간을 예수 그리스도에게 매어 준다.[21] 성경에서 예수님은 믿음의 중요성을 강조하셨다. 마가복음 2장을 보면, 예수님은 가버나움에서 중풍병자를 치료하실 때 그와 그를 데리고 나온 친구들의 믿음을 보시고, 그 중풍병자의 병을 고쳐 주셨다(마가복음 2:5).[22]

백부장이 예수님에게 자신의 하인이 병들었으니 고쳐 달라고

---

17 Jürgen Moltmann, 『희망은 어디서 오는가』, 이신건 역 (서울: 한들출판사, 2004), 11–12.
18 "믿음은 바라는 것들의 실상이요 보이지 않는 것들의 증거니"(히브리서 11:1).
19 James I. Packer, 『소망』, 18–19.
20 곽주환, 『베다니에서 생긴 일』 (서울: 신앙과지성사, 2011).
21 Jürgen Moltmann, 『희망은 어디서 오는가』, 12.
22 "예수께서 그들의 믿음을 보시고 중풍병자에게 이르시되 작은 자야 네 죄 사함을 받았느니라 하시니"(마가복음 2:5).

간구했을 때, 그가 예수님이 자신의 집에 오시지 않고 말씀만 하셔도 하인이 나을 것이라는 믿음을 고백했다. 그러자 예수님은 그의 믿음의 고백에 놀라시면서 그의 하인의 병을 고쳐 주셨다(마태복음 8:10).[23] 예수님은 산을 움직일 때도 산을 명하여 바다에 던져지라고 하고 그것이 이루어질 것을 믿고, 마음에 의심하지 않으면 그대로 된다고 말씀하셨다(마가복음 11:23).[24] 예수님은 믿음을 통한 희망을 가지고 살아야 할 중요성을 말씀하신 것이다.

믿음을 통한 희망은 예수 그리스도의 위대한 미래를 향해 자신을 열게 한다. 그러므로 희망은 믿음과 떨어질 수 없는 동반자(同伴者)와 같은 것이다.[25] 그래서 믿음은 하나님이 참되시다는 것을 확신한다. 믿음은 그분이 우리의 아버지가 되심을 확신한다. 믿음은 인간에게 영생이 주어졌음을 확신한다. 만약 믿음을 통한 예수 그리스도에 대한 인식이 전혀 없다면, 희망은 허공에 떠 있는 유토피아적 희망이 되고 만다. 하지만 만약 희망이 없다면, 믿음은 무너지게 되고 작은 믿음이 되며, 결국 죽은 믿음이 되고 만다.[26] 이처럼 예수

---

23 "예수께서 들으시고 놀랍게 여겨 따르는 자들에게 이르시되 내가 진실로 너희에게 이르노니 이스라엘 중 아무에게서도 이만한 믿음을 보지 못하였노라"(마태복음 8:10).
24 영산신학연구소, "영산 신학의 미래", 2016년 제24회 영산국제신학심포지엄 (2016, 5), 131.
   "내가 진실로 너희에게 이르노니 누구든지 이 산더러 들리어 바다에 던져지라 하며 그 말하는 것이 이루어질 줄 믿고 마음에 의심하지 아니하면 그대로 되리라"(마가복음 11:23).
25 Jürgen Moltmann, 『희망은 어디서 오는가』, 12.
26 Jürgen Moltmann, 『희망은 어디서 오는가』, 12-13.

그리스도에 대한 믿음은 희망을 확신으로 만든다. 이 희망으로 인해 예수 그리스도에 대한 믿음을 넓혀 주며, 믿음을 일상 속으로 이끌어 들인다. 기독교의 믿음은 미리 취한 희망 가운데서 십자가에서 죽으시고 부활하신 예수 그리스도로 말미암아 무너진 그 한계선을 넘어간다는 것을 뜻한다.[27] 예수 그리스도의 부활 안에서 희망을 인식하는 것은 하늘의 영원이 아니라 그의 십자가가 서 있는 이 땅의 미래이다. 그러므로 인류에게 십자가는 이 땅의 희망이다. 희망하는 자에게 예수 그리스도는 단지 고난 가운데서 누리는 위안일 뿐만 아니라 고난에 맞서는 하나님에 대한 약속의 저항이기도 하다.[28]

이에 따라, 그리스도인의 정체성은 성도일 뿐만 아니라 희망인이기도 하다. 그리스도인의 희망은 하나님의 약속이 실현될 것을 미리 내다보는 믿음이다. 이것은 마치 기독교의 장례식에서 "우리 주 예수 그리스도를 통하여 얻는 영생의 부활이라는 확실하고도 분명한 희망 안에서" 시신을 땅에 묻는 것과 같은 것이다.[29] 낙관주의(Optimism)가 보장 없는 바람이라면, 믿음을 통한 희망은 하나님이

---

27 Jürgen Moltmann, 『희망은 어디서 오는가』, 14.
28 Jürgen Moltmann, 『희망은 어디서 오는가』, 14–15.
29 James I. Packer, 『소망』, 20–21.

보장하신 확실한 것이다. 그리스도인에게 있어 믿음을 통한 희망은 일상의 삶과 희망이 없는 모든 순간에도 하나님이 친히 주신 확실한 약속을 근거로 가장 좋은 것이 올 것이라는 앎을 표현한 것이다. 그래서 그리스도인들은 믿음을 통한 희망을 진리로 말할 수 있는 것이다.[30]

바울은 이 믿음을 통한 희망을 실현하기 위해 문화를 초월하여 선교여행과 복음 전도를 했던 지칠 줄 모르는 개척자(開拓者)였다. 하나님의 계획이 실현되는 것을 보려는 희망 때문에 그는 임무를 수행함에 있어 결코 게으르지 않았다. 오히려 그러한 희망은 계속해서 바울에게 힘을 공급해 주었다(빌립보서 3:12-14).[31] 영적인 생활과 사역에서 바울의 희망은 자기 자신에게 도움이 되었던 것이다.[32] 마치 운동선수들이 역기를 들고 훈련하는 것처럼 육체적으로 유익이 된다. 희망은 힘을 줄 뿐만 아니라 능력을 향상시켜 준다. 그래서 현대인은 반드시 희망을 품어야 한다. 희망은 현대인으로 하여금 성취해야 할 다음 단계로 전진할 수 있도록 이끌어 주는 것

---

30 James I. Packer, 『소망』, 20.
31 "내가 이미 얻었다 함도 아니요 온전히 이루었다 함도 아니라 오직 내가 그리스도 예수께 잡힌 바 된 그것을 잡으려고 달려가노라 형제들아 나는 아직 내가 잡은 줄로 여기지 아니하고 오직 한 일 즉 뒤에 있는 것은 잊어버리고 앞에 있는 것을 잡으려고 푯대를 향하여 그리스도 예수 안에서 하나님이 위에서 부르신 부름의 상을 위하여 달려가노라"(빌립보서 3:12-14).
32 James I. Packer, 『소망』, 24.

이다.[33]

    기독교 믿음의 최우선 과제는 절망에 처해 있는 자에게 희망을 안내하는 데 있다. 희망은 믿음과 소망(희망), 그리고 사랑이라는 기독교의 3대 덕목의 하나로서 그 시대 시대마다 사람들에게 삶의 의미와 본질이 무엇인지에 대해 교훈해 왔다.[34] 이러한 희망은 결코 관념적(ideal)이거나 형이상학적(metaphysical) 개념이 아니다. 단순히 미래에 대한 막연한 기대를 표현하는 개념도 아니다. 희망은 하나님을 표현하는 통적전(holistic)이며, 구체적(concrete)이라는 실제적인 (practical) 개념을 담고 있다. 희망은 하나님을 이해할 수 있는 핵심 단서일 뿐만 아니라 그분의 세계를 표현하고자 하는 4차원적인 언어다. 하나님은 인간에게 있어서 희망을 믿음의 관점에서 꿈꾸고, 생각하고, 말씀해 오셨다.[35]

    그래서 기독교 고유의 주제인 희망은 다시금 이 시대의 아픔과 슬픔을 아우를 수 있다는 것이다.[36] 희망은 무엇보다 삼위일체 하나님의 소원이다. 삼위일체 하나님을 믿는 믿음은 어떠한 절망적인 상황에서도 희망일 수밖에 없다.[37] 그래서 약할 때 강함 주시는

---

33 James I. Packer, 『소망』, 24.
34 영산신학연구소, "영산 조용기 목사의 희망 신학", 218.
35 영산신학연구소, "영산 조용기 목사의 희망 신학", 221-222.
36 영산신학연구소, "영산 조용기 목사의 희망 신학", 218.
37 영산신학연구소, "영산 조용기 목사의 희망 신학", 141-142.

하나님은 모든 현대인(Modern Man)이 믿음을 통해 행복한 희망인 (Hoper)이 되기를 소원하신다.

하나님 나라를 통한 희망

하나님은 절대 절망에 처한 인간을 그대로 버려두지 않으시고, 십자가를 통한 구원과 희망의 길을 예비해 두셨다.[38] 예수 그리스도는 이 세상에 오셔서 십자가를 지시고, 모든 인류를 위하여 죽으시고 부활하심으로 희망의 살 길을 열어 두신 것이다(히브리서 10:20).[39] 그래서 예수님은 공생애 기간 동안 선포하셨던 주제가 바로 하나님 나라였다. 예수님이 당시 모든 족속이라고 할 수 있는 현대인들을 제자로 만들기 위해서 하나님 나라를 통한 희망의 메시지를 선포하셨다(마태복음 4:17).[40]

하나님 나라는 모든 인간이 희망하는 궁극적 세계로서 전인(全人) 구원의 상징적인 그리고 실재적인 성취를 의미한다. 하나님 나라는

---

38 David A. Seamands, *Healing for Damaged Emotions* (Colorado Springs: David C. Cook, 2015), 201.

39 영산신학연구소, "영산 신학의 미래", 137.
"그 길은 우리를 위하여 휘장 가운데로 열어 놓으신 새로운 살 길이요 휘장은 곧 그의 육체니라"(히브리서 10:20).

40 "이때부터 예수께서 비로소 전파하여 이르시되 회개하라 천국이 가까이 왔느니라 하시더라"(마태복음 4:17).

성경의 주된 메시지이다.[41] 뿐만 아니라 하나님 나라는 기독교 신앙의 중심 주제가 된다.[42] 예수 그리스도 최초의 선포는 하나님 나라($\beta\alpha\sigma\iota\lambda\epsilon\iota\alpha \ \tau\sigma\upsilon \ \theta\epsilon\sigma\upsilon$)[43]였다(마가복음 1:15).[44] 이처럼 하나님 나라는 하나님의 의지와 계획, 그리고 인류의 구원에 대한 하나님의 사랑이 총체적으로 다루어지는 개념이다.[45]

이러한 관점에서의 하나님 나라는 인류의 궁극적이고도 총체적 희망의 대상인 것이다. 하나님 나라에는 현재적 하나님 나라와 종말론적 하나님 나라의 두 가지 속성이 있다. 이러한 하나님 나라는 '이미'(already)와 '아직'(not yet)의 긴장 국면에 있다. 그래서 하나님 나라는 두 가지 측면을 총체적으로 인식해야 한다. 하지만 한국 교회는 하나님 나라를 이해하는 데 있어서 종말론적 측면에 치우친 경향이 있다.[46]

감리교신학대학교 종교사회학 교수였던 이원규는 한국 교회의

---

41 John Bright, 『하나님 나라』, 김철손 역 (서울: 컨콜디아사, 1987), 5.

42 Christopher Rowland, *Christian Origins* (London: SPCK, 1994), 113. 하나님 나라는 주로 하나님의 통치, 이스라엘 백성에게 주어지는 약속, 세상 나라와 다른 권위와 힘, 그 나라의 영원성 등의 의미가 내재되어 있다. 최종진, 『구약성서개론』 (서울: 소망사, 1987), 425.

43 이 용어는 '하나님 나라'의 의미로 번역할 수도 있고, '하나님의 왕적 통치'의 의미로 번역할 수도 있다. 도서출판 두란노 편집, 『하나님 나라의 이해』 (서울: 도서출판 두란노, 1992), 41.

44 "이르시되 때가 찼고 하나님의 나라가 가까이 왔으니 회개하고 복음을 믿으라 하시더라"(마가복음 1:15).

45 John Bright, *The Kingdom God* (Nashville: Abingdon Press, 1981), 18.

46 영산신학연구소, "영산 조용기 목사의 희망 신학", 222.

문제점에 대하여 말하기를, "너무도 고상한 거룩한 하늘 신앙에만 집착해 있다"라고 하였다.[47] 하나님 나라는 반드시 인간이 죽어야만 체험할 수 있는 것이 아니다. 인간은 '여기서'(here)와 '지금'(now)이라는 하나님 나라의 현재적 속성의 중요성을 경험할 수 있다.[48] 이것에 대한 신약성경의 입장은 마태복음 12장 28절[49]과 누가복음 17장 21절[50]에서 입증되고 있다. 다시 말해, 예수님은 하나님 나라의 현재적 측면에서 성령을 힘 입어 귀신을 쫓아내신 것과 하나님 나라가 너희 안에 거함으로 묘사하셨다. 하나님 나라의 현재적 측면은 교회의 세속적 신앙을 부추긴다는 이유로 인해 한국 교회들이 거의 무시해 왔다.[51] 이 땅에서 영혼의 잘됨에 관련된 일 외에 범사의 잘됨과 육체의 강건함을 구하는 것은 세속적인 것이 아니라 전인적인 구원에 있어서 하나님 나라에 대한 균형 잡힌 인식의 바탕에서 비롯된 하나님 나라의 희망이다.[52]

말기 암에 걸려 절망하던 여인이 있었다. 오래전에 남편을 잃고, 친정도 시댁도 없는 천애 고아 같은 여인에게 7살짜리 딸이 있

---

47 이원규, 『한국 교회의 현실과 전망』 (서울: 성서연구사, 1994), 57.
48 영산신학연구소, "영산 조용기 목사의 희망 신학", 223.
49 "그러나 내가 하나님의 성령을 힘입어 귀신을 쫓아내는 것이면 하나님의 나라가 이미 너희에게 임하였느니라"(마태복음 12:28).
50 "또 여기 있다 저기 있다고도 못하리니 하나님의 나라는 너희 안에 있느니라"(누가복음 17:21).
51 영산신학연구소, "영산 조용기 목사의 희망 신학", 223.
52 영산신학연구소, "영산 조용기 목사의 희망 신학", 223.

었다. 그녀는 절망 속에서 조금이라도 위안을 얻어 볼까 하고 교회를 찾아갔다. 하지만 몸은 점점 피폐해졌고, 자신이 떠난 뒤 홀로 남겨질 딸을 생각하면 가슴이 무너져 내렸다. 몸은 점점 더 쇠약해져 그녀는 이제 삶이 얼마 남지 않았음을 직감하였다. 그래서 할 수 없이 성경 공부를 함께 하던 집사님에게 딸을 입양 시설로 보내는 문제에 대해 의논하기 시작하였다. 그 이야기를 들은 집사님은 그 모녀를 생각하며, 가슴을 치며 기도하였다. "하나님, 어떻게 하면 좋겠습니까?"

그러다 교회에 부탁하여 입양할 사람을 예배 시간에 광고했다. 그런데 그날 저녁에 연락이 왔다. 세 딸을 둔 부목사 사모가 남편과 의논한 후, 그 아이를 입양하겠다는 것이다. 자신의 딸이 그 여인의 딸과 유치원 친구였다. 그래서 그 부목사 가정은 딸이 넷이 되었다. 엄마가 환자로 병원에 오래 있다 보니 먹을 것도 제대로 먹지 못하던 아이는 그렇게 친구네 집에 입양되었다. 그리고 그 여인은 자매들끼리 살게 되어 너무 행복해 하는 모습을 보았다. 그렇게 딸을 입양 보내고 며칠 안 되어 여인은 샘물 호스피스로 자리를 옮겼다. 그리고 삶과 죽음에 대한 성경적 신앙을 확인하게 되었다. 며칠후, 그녀는 부활의 희망을 안고 천국(하나님 나라)에서 다시 만나자는 인사와 함께 환한 미소를 지으며 숨을 거두었다. 여인은 숨지기 얼마 전에 집사님에게 이런 고백을 했다. "내가 혹시 건강을 회복해서 낫는다 해도, 내 딸은 그냥 목사님 댁에서 자랐으면 좋겠어요. 너무 행복해요. 천국(하나님 나라)에서 만나요."[53]

하나님 나라는 결코 죽은 후에 가는 것이 아니다. 하나님 나라에 가기 위해서는 오늘을 포기하거나 헛되게 허비해야 하는 것도 아니다. 오히려 하나님 나라는 오늘을 알차게 사는 에너지를 공급받는 동력이다. 하나님 나라에 대한 희망은 이 땅 위에서 의미 있게 살아갈 목적과 삶의 에너지가 된다. 미래에 대한 복된 희망은 오늘을 사는 현대인들에게 구체적인 능력이요 파워이다.[54] 독일의 개신교 신학자이자, 현재 튀빙겐대학교 신학 분야의 명예교수인 위르겐 몰트만(Jürgen Moltmann, 1926~)은 신비스러운 하나님 나라의 의미에 대하여 말하기를, "하나님 나라가 본래 무엇인지를 알고자 한다면 예수를 바라보아야 한다. 다른 한편으로 우리가 예수가 본래 누구인지를 이해하려고 한다면, 하나님 나라를 경험해 보아야 한다"라고 하였다.[55]

이러한 희망의 목적은 하나님 나라이다. 하나님 나라를 선택하

53 서정오, 『목마른 인생』, 242-244.
54 서정오, 『목마른 인생』, 239.
55 Jürgen Moltmann, 『오늘 우리에게 그리스도는 누구신가?』, 이신건 역 (서울: 대한기독교서회, 1997), 15-16. Jürgen Moltmann, 『희망은 어디서 오는가』, 71.

는 것이 가장 소중한 목적이다. 그래서 하나님 나라는 밭에 묻혀 있는 보물에 비길 수 있다. 그 보물을 찾아낸 사람은 그것을 다시 숨겨 두고 기뻐하며 돌아가서 있는 것을 모두 팔아 그 밭을 산다는 것을 알 수 있다(마태복음 13:44).[56]

결론적으로 현대인에게 희망은 있는가에 대해 살펴보았다. 사회적인 성공과 자아실현을 통한 행복, 그리고 좋은 집과 좋은 자동차를 타고 풍족하게 사는 것을 희망으로 삼는 현대인들이 지금도 여전히 많다. 그러나 현대인들은 이런 것들로부터 결코 만족할 수 없다.[57]

C. S. 루이스는 영원한 삶의 무구한 희망에 대하여 말하기를, "그 후에 일어난 일들은 너무나 위대하고 아름다워서 필설로 형언할 수 없다. 우리에겐 이것으로 끝이지만, 그들은 그 후로도 행복하게 잘 살았다. 이 땅에서 살았던 그들의 삶은 책의 겉표지와 제목에 불과하다. 이제 그들은 위대한 이야기의 첫 장을 이제 막 시작하려 한다. 이 땅에 사는 사람 중에 아직 그 이야기를 읽어 본 사람이 없다. 그 이야기는 영원히 이어진다. 새로운 장이 시작될 때마다 이전

---

56 김형석, 『교회 밖 하나님 나라』, 8.
　　"천국은 마치 밭에 감추인 보화와 같으니 사람이 이를 발견한 후 숨겨 두고 기뻐하며 돌아가서 자기의 소유를 다 팔아 그 밭을 사느니라"(마태복음 13:44).
57 도현명 · 심센터, 『소심 청년, 소명을 만나다』 (서울: 도서출판 토기장이, 2019).

장보다 더 멋진 이야기가 펼쳐진다"라고 하였다.[58]

　인간은 영원한 희망을 주시는 하나님 없이는 만족할 수 없도록 창조되었다. 인간은 좋으신 하나님과의 관계 안에서 존재의 의미를 찾을 수 있다. 유일하게 스스로 존재하시는 분이요 변하지 않는 단 하나의 절대 좌표이신 하나님에게 시선을 고정할 때, 인간은 희망의 자리를 찾을 수 있다. 현대인은 하나님에게 나를 향한 주님의 뜻을 묻고, 그 뜻을 이루어 가는 것이 진정으로 잘 사는 희망일 것이다.[59] 현대인은 절망스러운 고난 가운데서도 새로운 하나님의 은혜를 기대하며 희망을 잃지 말아야 한다. 그래서 믿음을 가진 현대인은 역경 속에서도 희망을 잃지 않는다. 현대인은 하나님을 주님으로 섬기며 살면 그분의 힘과 능력을 누릴 수 있을 것이다.

---

58 C. S. Lewis, *The Last Battle* (New York: Macmillan, 1956), 165.
59 도현명 · 심센터, 『소심 청년, 소명을 만나다』.

참고
문헌

참고문헌

강신주 외 6인. 『나는 누구인가』. 서울: 21세기북스, 2016.

기독신문 2017년 10월 12일자.

김광률 외 5인. 『현대인과 성서』. 대전: 한남대학교 출판부, 1997.

김균진. 『기독교조직신학』. 서울: 연세대학교 출판부, 1984.

김근주 외 2인. 『성경을 보는 눈』. 서울: 한국성서유니온선교회, 2017.

김동호. 『크리스천 베이직』. 서울: 규장, 2000.

김동환. 『하나님을 만난 9명의 아이들』. 파주: 김영사, 2019.

김명혁. 『어떻게 살 것인가』. 서울: 성광문화사, 2002.

김범석. 『광야를 걷다』. 서울: 도서출판 두란노, 2014.

김상근. 『아레테의 힘 인문학으로 창조하라』. 서울: 멘토프레스, 2013.

김세윤. 『구원이란 무엇인가』. 서울: 두란노아카데미, 2015.

김신웅. 『행복을 만드는 인간관계론』. 안양: 호산나출판사, 2013.

김영미. 『프리마돈나 김영미처럼』. 서울: 비전과리더십, 2010.

김윤희. 『커뮤니티 성경읽기 가이드북』. 서울: 지엔엠 글로벌 문화재단, 2017.

김은호. 『은혜에 굳게 서라』. 서울: 도서출판 두란노, 2018.

김종두. 『키에르케고르의 실존사상과 현대인의 자아 이해』. 서울: 새물결플러스, 2014.

김한호. "한국 교회 위기와 기독교 사회". 『제1회 디아코니아 포럼』. 2017. 7.

김형석. 『교회 밖 하나님 나라』. 서울: 도서출판 두란노, 2019.

김형석. 『백년을 살아보니』. 서울: Denstory, 2016.

김형석. 『왜 우리에게 기독교가 필요한가』. 서울: 도서출판 두란노, 2018.

김회권 외 4인. 『현대인과 성서』. 서울: 숭실대학교 출판부, 2007.

고은 외 11인. 『어떻게 살 것인가』. 서울: 21세기북스, 2016.

곽주환. 『베다니에서 생긴 일』. 서울: 신앙과지성사, 2011.

교수신문 2018년 11월 5일자.

뉴스앤조이. "기독교란 무엇인가?". http://www.newsnjoy.or.kr/news/articleView. html?idxno=30687.

다음 국어사전. "하나님". https://dic.daum.net/word/view.do?wordid=kkw000283361 &supid=kku000360929.

다음 국어사전. "현대인". https://dic.daum.net/word/view.do?wordid=kkw000291352 &supid=kku000371344.

대전일보 2015년 1월 14일자.

도서출판 두란노 편집. 『하나님 나라의 이해』. 서울: 도서출판 두란노, 1992.

도서출판 목양 편집부. 『신약 헬라어 사전』. 용인: 도서출판 목양, 2012.

도현명 · 심센터. 『소심 청년, 소명을 만나다』. 서울: 도서출판 토기장이, 2019.

문시영 · 최태수. 『클릭! 바이블』. 서울: 북코리아, 2006.

박세웅. 『나는 누구인가』. 서울: 미래를소유한사람들, 2011.

박영덕. 『차마 신이 없다고 말하기 전에』. 서울: IVP, 2014.

박윤성. 『히브리서, 어떻게 가르칠까』. 서울: 기독신문사, 2004.

박정근. 『마가복음에서 예수 그리스도를 만나라』. 서울: 도서출판 디모데, 2013.

박창훈. "3 · 1운동과 한국 교회: 성결교회". 『성결교회와 신학』 제40호. 2018.

배본철. 『성령, 그 위대한 힘』. 서울: 넥서스CROSS, 2014.

배철현 외 7인. 『낮은 인문학』. 서울: 21세기북스, 2016.

서정오. 『목마른 인생』. 서울: 도서출판 두란노, 2014.

성기호. 『이야기 신학』. 서울: 국민일보사, 1997.

손봉호. 『나는 누구인가』. 서울: 샘터사, 2018.

손홍국. "데카르트의 존재론적 증명에서 신의 관념". 『철학탐구』 제37집. 2015.

송태근. 『교회가 알고 싶다』. 서울: 넥서스CROSS, 2017.

안명준 교수의 홈페이지. "하나님의 존재에 대한 논증들". http://theologia.co.kr/cgi-bin/spboard/board.cgi?id=a4&action=view&gul=258&page=8&go_cnt=5.

어휘의 달인 국어. "화해(reconciliation)". http://100.daum.net/encyclopedia/view/ 24XXXXX80012.

연세대학교 종교교육위원회. 『현대인과 기독교』. 서울: 연세대학교출판부, 1989.

영산신학연구소. "영산 조용기 목사의 희망 신학". 2004년 영산국제신학심포지엄. 2006.

이병욱. 『삶이 전도한다』. 서울: 아르카, 2018.

이병욱 외 7인. 『선교적 교회의 오늘과 내일』. 서울: 예영커뮤니케이션, 2016.

이상욱. 『기독교 세계관 렌즈로 인문학 읽기』. 서울: 예영커뮤니케이션, 2017.

이승장. 『왜 나는 예수를 믿는가』. 서울: 홍성사, 2013.

이원규. 『한국 교회의 현실과 전망』. 서울: 성서연구사, 1994.

이웅윤. 『가족공동체로서의 교회』. 서울: CLC, 2017.

이응호. 『한국성결교회사 1 · 2』. 서울: 성결문화사, 1992.

이재기. 『하나님의 사역 레슨』. 서울: 은채, 2018.

이재훈. 『순전한 복음』. 서울: 도서출판 두란노, 2012.

이진오. 『재편: 홀로 빛나는 대형 교회에서 더불어 아름다운 '건강한 작은교회'로』. 파
　　　주: 비아토르, 2017.

임시영. 『공간의 해석학』. 서울: 도서출판 예수전도단, 2016.

유기연. 『알기 쉬운 기독교 이해』. 서울: 도서출판 대가, 2012.

유승현. "토마스 아퀴나스에게 있어서 "과학"(Scientia)의 개념". https://minjung−
　　　theology.tistory.com/702.

유재필. 『뿌리 깊은 신앙』. 서울: 도서출판 두란노, 2017.

윤동주. 『하늘과 바람과 별과 시(초판본)』. 서울: 더스토리, 2019.

옥한흠. 『옥한흠 목사의 다시 복음으로』. 서울: 도서출판 은보, 2015.

전국역사교사모임. 『처음 읽는 터키사』. 서울: 휴머니스트, 2018.

정길수. 『현대인과 성경』. 부산: 부산외국어대학교 출판부, 2000.

지용수. 『성도의 행복』. 서울: 쿰란출판사, 2002.

조정민. 『왜 구원인가?』. 서울: 도서출판 두란노, 2015.

조현삼. 『구원 설명서』. 서울: 생명의말씀사, 2016.

조현삼. 『목사님, 구원이 헷갈려요』. 서울: 생명의말씀사, 2014.

최동규. 『미셔널 처지』. 서울: 대한기독교서회, 2017.

최병호. 『열혈 청년 전도왕 2 양육편』. 서울: 도서출판 두란노, 2013.

최요한. 『믿음의 절대 강자』. 서울: 도서출판 나침반, 2008.

최종진. 『구약성서개론』. 서울: 소망사, 1987.

한국성결신문. "헬라어 원어로 푸는 세상이야기〈16〉". http://www.kehcnews.co.kr/

news/articleView.html?idxno=11055.

한국조직신학회. 『구원론』. 서울: 대한기독교서회, 2015.

한병수. 『기독교란 무엇인가』. 서울: 도서출판 복있는사람, 2017.

허호익의 한국신학마당. "구약의 성령/김희성 교수". http://theologia.kr/board_system /46252.

호남신학대학교 편. 『구원이란 무엇인가?』. 서울: 한국장로교출판사, 2002.

AP연합뉴스. "졸업식 축사하던 억만장자 '학자금 대출 갚아줄 것'". https://theqoo.net/ index.php?mid=square&document_srl=1097978906.

Arthur, Key. 『하나님의 이름』. 김경섭 역. 서울: 프리셉트성경연구원, 1992.

Badiou, Alain. *Saint Paul*. CA: Stanford University Press, 2003.

Barclay, John M. G. 『단숨에 읽는 바울』. 김도현 역. 서울: 새물결플러스, 2018.

Bauckham, Richard J. *Bible and Mission*. Grand Rapids: Baker, 2003.

Berkhof, Louis. *Systematic Theology*. Grand Rapids: Eerdmans, 1939.

Bevere, John. 『존 비비어의 성령님』. 윤종석 역. 서울: 도서출판 두란노, 2014.

Bright, John. 『하나님 나라』. 김철손 역. 서울: 컨콜디아사, 1987.

Bright, John. *The Kingdom God*. Nashville: Abingdon Press, 1981.

Carnegie, Dale B. 『카네기 인간관계론』. 최염순 역. 서울: 씨를 뿌리는 사람, 2004.

Cole, Neil. 『교회 3.0』. 안정임 역. 서울: 도서출판 예수전도단, 2015.

Cole, Neil. *Organic Church*. San Francisco: Jessey-Bass, 2005.

Collins, Kenneth J. 『성경적 구원의 길』. 정기영 역. 서울: 새물결플러스, 2017.

Colson, Charles. & Pearcey, Nancy. 『그리스도인, 이제 어떻게 살 것인가?』. 정영만 역. 서울: 요단출판사, 2002.

Copan, Paul. *Is Michael Martin a Moral Realist? Sic et Non*. Philosophia Christi no. 1.no.2. 1999.

Coppedge, Allan. "웨슬리안 신학의 구원론". 『성결교회와 신학』 제40호. 2018.

Coppedge, Allan. "웨슬리안의 하나님 이해". 『성결교회와 신학』 제40호. 2018.

Cox, Harvey. 『세속도시』. 구덕관 역. 서울: 대한기독교서회, 2002.

Danker, Frederick William. 『신약성서 그리스어 사전』. 김한원 역. 서울: 새물결플러스, 2017.

Dembski, William A. & Licona, Michael R. 『기독교를 위한 변론』. 박찬호 역. 서울: 새물결플러스, 2016.

Driscoll, Mark. 『예수 안에서 나는 누구인가』. 정성묵 역. 서울: 도서출판 두란노, 2013.

Engen, Charles E. Van. 『하나님의 선교적 교회』. 임윤택 역. 서울: CLC, 2014.

Ganssle, In Greg. "*Necessary moral truths and the need for explanation*". Philosophia. no.1. 2000.

Gelder, Craig Van. 『교회의 본질』. 최동규 역. 서울: CLC, 2015.

Jay, Eric G. 『교회론의 변천사』. 주재용 역. 서울: 대한기독교서회, 2002.

Keller, Timothy. 『당신을 위한 갈라디아서』. 윤종석 역. 서울: 도서출판 두란노, 2018.

Keller, Timothy. 『팀 켈러의 답이 되는 기독교』. 윤종석 역. 서울: 도서출판 두란노, 2018.

Keller, Timothy. 『팀 켈러의 예수, 예수』. 윤종석 역. 서울: 도서출판 두란노, 2017.

Küng, Hans. 『교회』. 정지련 역. 서울: 한들출판사, 2007.

Kuyper, Abraham. *Christianity*. Marlborough: Plymouth Rock Foundation, 1996.

Lewis, C. S. 『순전한 기독교』. 장경철 · 이종태 역. 서울: 홍성사, 2007.

Lewis, C. S. *The Last Battle*. New York: Macmillan, 1956.

MacArthur, John. 『하나님의 은혜』. 조계광 역. 서울: 생명의말씀사, 2012.

Mark A. Noll. 『그리스도와 지성』. 박규태 역. 서울: IVP, 2015.

McGrath, Alister E. 『믿음을 찾아서』. 홍종락 역. 서울: 도서출판 두란노, 2019.

Moltmann, Jürgen. 『희망은 어디서 오는가』. 이신건 역. 서울: 한들출판사, 2004.

Moltmann, Jürgen. 『오늘 우리에게 그리스도는 누구신가?』. 이신건 역. 서울: 대한기독교서회, 1997.

Moyise, Stevw. 『성경 연구 입문』. 유창걸 역. 서울: CLC, 2015.

Murray, Andrew. "The Holy Spirit in The Family". *Herald of His Coming*, February. 2013.

Newbigin, Lesslie. 『교회란 무엇인가?』. 홍병룡 역. 서울: IVP, 2010.

Ortberg, John. 『예수는 누구인가?』. 서울: 도서출판 두란노, 2014.

Packer, James I. 『소망』. 김기호 역. 서울: IVP, 2003.

Pew Research Center. *Global Christianity*, 2011년 12월 19일.

René, Descartes. 「성찰」. 이현복 역. 서울: 문예출판사, 1997.

Rist, John. *Real Ethics*. Cambridge: Cambridge University Press, 2003.

Rowland, Christopher. *Christian Origins*. London: SPCK, 1994.

Rusaw, Rick. & Swanson, Eric. 「교회 밖으로 나온 교회」. 김용환 역. 서울: 국제제자훈련원, 2013.

Seamands, David A. *Healing for Damaged Emotions*. Colorado Springs: David C. Cook, 2015.

Seyoon, Kim, 외 6인. 「탐욕의 복음을 버려라」. 김형원 역. 서울: 새물결플러스, 2012.

Snyder, Howard A. 「교회 DNA」. 최형근 역. 서울: IVP, 2007.

Sproul, R. C. 「예수는 누구인가?」. 서울: 생명의말씀사, 2011.

Stott, John R. W. 「성경이란 무엇인가」. 박지우 역. 서울: IVP, 2015.

Thompson, James W. 「바울의 교회론」. 이기운 역. 서울: CLC, 2019.

Tozer, Aiden W. *The Knowledge of the Holy*. New York: Harper & Row, 1961.

Wesley, John. 「존 웨슬리의 파워풀 성령」. 김광석 역. 서울: 요단출판사, 2011.

Wright, Christopher J. H. & Lamb, Jonathan. 「성경의 숲을 거닐다」. 최성근 역. 서울: 그루터기하우스, 2011), 28.

Wright, Nicholas Thomas. 「이것이 복음이다」. 백지윤 역. 서울: IVP, 2017.